詩는 촛불

"이 저서는 2008년 정부(교육과학기술부)의 재원으로

한국연구재단의 지원을 받아 수행된 연구임"(NRF-2008-362-A00003)

구경모 · 임두빈 · 차경미 · 안태환 · 김영철 지음

이담 Books

머리말

　　이제 축구는 스포츠가 아니라 그 이상이라고 말하는 것처럼 문화적 가치를 지닌 하나의 실체가 되었다. 이렇게 중요한 축구의 중심에 라틴아메리카가 있다. 유럽의 축구 리그들이 대중적인 인기를 누리는 것도 그 리그에서 뛰고 있는 라틴아메리카 축구 선수들의 활약 때문이라고 해도 과언이 아니다. 사실 세계 축구의 흐름을 주도하고 있는 것이 라틴아메리카 축구이며, 축구의 탈영토화를 주도하고 있는 것도 라틴아메리카 축구다.

　　축구, 커피와 춤(음악)을 말하지 않고 라틴아메리카를 설명한다는 것은 거의 불가능하다. 이들의 문화에서 이 3가지 문화를 빼는 것은 마치 라틴아메리카인들이 가진 일상의 기억을 송두리째 지워버리는 것과 같다. 그래서 축구 경기장에 라틴아메리카의 커피와 춤이 있고, 커피잔 속에 축구 이야기가 있으며, 축구의 기술은 라틴 춤사위를 닮아 있다. 이런 면에서 축구는 라틴아메리카인들의 언어이다. 축구도 사회현상을 반영하는 하나의 언어이기 때문에 그 사회가 말하고자 하는 말들을 상징적으로 나타내 준다. 라틴아메리카 축구선수들이 경기장에서 보여주는 드리블과 패싱 형태는 그들이 그동안 만든 축구 언어인 것이다.

　　그들의 축구 언어는 개인 기술을 표현하는 다양성에 기초하고 있다. 라틴아메리카의 축구는 일상문화이다. 일상문화는 말 그대로 사회구성원들의 일상적인 삶의 바탕이 되는 문화로써 자생성과 공동체성을 그 특성으로 한다. 라틴아메리카 어디를 가든 축구는 항상 그들과 함께이고, 마을 단위의 공동체성을 강화시키는 기제로 활용되고 있으며, 축구에 대한 기억이 집단적 소속감을 형성하는 데 중요한 요소가 된다. 때문에 라틴아메리카 축구는 그들을 나타내는 정체성이다. 라틴아메리카 축구는 같다고 말하지만 그 속에는 개별 국가의 정체성을 나타내는 특징적인 요소들이 있다. 아르헨티나 축구는 탱고 리듬과 춤을 닮아 있고, 브라질의 축구는 부드러운 삼바 리듬과 춤의 스텝을 볼 수 있다. 콜롬비아 축구는 엘도라도를 꿈꾸는 사람들을 만날 수 있고, 멕시코 축구는 마야인들의 정신을 계승하고 있다. 파라과이 축구는 가우초들의 삶을 담고 있고, 우루과이 축구는 차루아 전사들의 정신을 품고 있다. 그래서 축구 경기장은 자신들의 정체성을 표현하는 예술적 공간으로 발전한다.

중남미지역원에서는 **HK**사업을 추진하면서 선도연구사업으로 라틴아메리카 일상문화에 대한 연구를 진행해 왔다. 학술적인 접근을 통해 '토착과 유입문화', '일상문화와 아비투스', 그리고 '언어와 정체성'이라는 주제를 다루었다. 이런 과정에서 라틴아메리카인들의 일상문화를 가장 잘 표현하고 있는 문화로서 축구가 가지는 의미가 새롭게 부각되었다. 라틴아메리카인들의 기층문화인 축구를 통해 그들의 삶을 이해한다는 것은 문화 이상의 것을 볼 수 있다는 측면에서 책으로 출간하게 되었다.

2011년 6월 24일
필자들을 대신하여
중남미지역원 김영철

:: CONTENTS

세계 최고의 열성팬 집합소

구경모

축구 종주국인 영국에서도 인정한 라이벌전
: 수페르 클라시코

축구에서 라이벌전, 더비는 단순히 맞수간의 대결을 뜻하는 것이 아니다. 더비는 각 구단을 응원하는 사람들의 취향과 계급, 종교, 지역 혹은 국가의 정체성을 내포하고 있다. 이런 연유로 더비는 해당지역민의 삶과 역사를 반영한다.

세계 3대 더비는 스페인의 엘 클라시코(el clásico)와 스코틀랜드의 올드펌(Old firm), 아르헨티나의 수페르 클라시코(Superclásico)를 일컫는다. 엘 클라시코는 민족 간의 해묵은 대립이 표출된 것으로 카스티야(castilla)를 대표하는 레알 마드리드와 카탈루냐(cataluña)를 대표하는 FC바르셀로나의 경기를 말한다. 올드 펌은 스코틀랜드의 글래스고에 연고를 둔 셀틱FC와 글래스고 레인저스의 대결을 가르킨다. 셀틱FC는 아일랜드계 가톨릭 이민자들이 만든 팀이며, 글래스고 레인저스는 스코틀랜드 개신교도들이 창단한 팀이다. 셀틱FC는 한국의 차두리와 기성용이 뛰는 구단이기도 하다. 올드 펌은 말 그대로 세계에서 가장 오래된 더비로 1888년에 첫 경기를 펼쳤으며, 흔히 종교 전쟁에 비유한다.

두 더비가 유럽을 대표한다면, 수페르 클라시코는 세계 축구의 양대 산맥인 남미 축구의 자존심이다. 수페르 클라시코는 보카 주니어스와 리버플레이트의 경기를 말하며, 계급 간의 대결로 널리 알려져 있다. 보카 주니어스는 가난한 이탈리아계 이주노동자들에 의해 창단되었으며, 리버플레이트는 중산층 이상의 팬을 확보하고 있는 구단이다. 양 구단의 응원전은 수페르 클라시코의 백미로서 세계 3대 더비 중 단연 최고로 손꼽힌다. 오죽하면 영국의 신문들이 수페르 클라시코에 온갖 미사여구를 동원하여 극찬을 마다하지 않을까. 영국의 신문인 옵서버(Observer)는 수페르 클라시코를 "세상에서 죽기 전에 봐야 할 빼어난 50가지 스포츠 경기"로 선정하였다. 또한 이 신문은 "두 구단의 경기가 있는 날은 올드 펌 더비가 초등학교 공놀이 수준으로 보인다"고 비유하였다. 영국의 더 선(The Sun)도 세계에서 가장 잊지 못할 경험을 선사하는 스포츠 경기로 수페르 클라시코를 언급하며 극찬하였다.

'엄마 찾아 삼만리'와 보카 주니어스

일본의 장편만화 영화인 '엄마 찾아 삼만리'에서 주인공인 마르코는 엄마를 찾아 아르헨티나의 부에노스아이레스로 무작정 떠난다. 여기서 삼만리는 마르코가 살고 있던 이탈리아의 제노바와 아르헨티나의 부에노스아이레스 간의 거리를 말하는 것이다. 마르코가 엄마를 찾아간 시절은 19세기 말과 20세기 초 무렵으로 이탈리아 출신들이 아르헨티나로 이주하던 시기였다. 이 당시 극심한 가난에 견디지 못한 이탈리아 사람들은 한 줄기 희망을 찾아 남미로 향하였다. 그리하여 남미의 관문이자 아르헨티나의 수도인 부에노스아이레스에는 이탈리아계 이민자와 다른 유럽 국가의 이민자로 넘쳐났다. 이 무렵 아르헨티나는 세계 5대 부국으로서 경제적 침체기에 있던 유럽인들이 선망하던 꿈의 나라였다.

보카 주니어스의 역사는 '엄마 찾아 삼만리'의 배경과 맞닿아 있다. 보카 주니어스의 명칭은 지명인 라 보카(La Boca)에서 유래되었다. 보카는 한국에서 통용되는 영어식 발음으로서 현지에서는 스페인어 발음인 "보까"로 불린다. 강어귀라는 "보까"의 뜻에서 보듯이, 이 지구는 라플라타 강의 하구에 위치하고 있다. 보카는 부에노스아이레스의 관문이자 항구이다. 이 항구에는 가난을 벗어나기 위해 망망대해를 건너 이민자들이 모여들었다.

보카 항 입구의 이주노동자들의 고된 노동의 모습과 탱고를 그린 벽화는 그 당시 이탈리아계 이민자들의 애환을 한눈으로 확인할 수 있다. 이들은 고향에 대한 그리움과 타향살이의 서러움을 잊기 위해 탱고를 즐겼다. 보카지구 입구에는 탱고 공연단이 자리 잡고 있으며, 관광객이 사진을 찍을 수 있도록 탱고 그림판을 설치해 두었다. 연인으로 보이는 흑인남자와 백인여자가 흥겹게 사진 찍는 모습이 탱고의 자유로움을 느끼게 한다.

보카지구 입구의 탱고벽화

보카지구 입구의 탱고 그림판에서 사진을 찍는 연인

보카지구 입구에서 장사하는 마라도나 닮은꼴

보카지구에 들어서자마자, 보카 주니어스의 고향이라는 느낌이 바로 든 것은 마라도나 닮은꼴 때문이었다. 보카 주니어스에서 선수생활을 한 마라도나는 펠레와 함께 세계에서 가장 위대한 축구 선수로서 추앙받고 있다. 그는 보카 주니어스의 홈 구장을 수시로 방문하여 열성적인 응원을 하기로 유명하다. 마라도나 닮은꼴은 마라도나의 유명세를 이용하여 관광객과 사진을 찍고 돈을 번다. 사진에서 보듯이, 자신의 허락 없이 필자가 사진을 찍는다고 손으로 얼굴을 가려 버렸다. 필자가 맘대로 사진을 찍고 그의 '밥줄'을 위협하였으니, 그가 초상권을 방어하는 것은 당연한 일이었다. 보카지구의 입구에서 마라도나 닮은꼴이 인기를 끄는 것을 보니, 이 지역이 보카 주니어스의 성지라는 것을 확실히 느낄 수 있었다.

보카지구 거리식당에서의 탱고 공연

　본격적으로 보카지구의 거리에 들어서면 아르헨티나의 전통 숯불구이 음식인 아사도(asado)를 맛볼 수 있는 식당이 줄지어 있다. 이 식당들은 전 세계 관광객을 대상으로 호객을 한다. 필자를 본 순간, 호객꾼들은 중국어와 일본어, 한국어를 번갈아 사용하며 필자를 유혹하였다. 야외 식당에서는 음식을 즐기는 손님을 위해 무료로 탱고 공연을 한다.

　보카에 소재한 모든 식당과 상점, 주택의 외벽은 무지개처럼 화려하고 다양한 색으로 관광객을 맞이한다. 보카의 외벽이 알록달록 한 것은 가난한 이민자들이 배에 칠하고 남은 짜투리 페인트를 사용했기 때문이다. 지금은 오히려 이것 때문에 보카가 세계적으로 유명세를 타고 있다.

보카지구의 형형색색 가옥들

　　보카의 외면적 화려함 속에는 이탈리아 이주 노동자들이 창
단한 보카 주니어스의 흔적이 동네 곳곳에 배어있다. 보카 주니
어스는 1905년 4월 3일 이탈리아 이민자 출신인 5명의 청년들
이 보카에 위치한 솔리스 광장(Plaza Solís)에 모여 창단하였다.
그들은 보카의 지명과 젊은이들의 영어식 표현인 주니어스를
합성하여 구단 명칭으로 정하였다. 보카에 주니어스를 붙인 이
유에는 여러가지 설이 있다. 첫 번째는 보카라는 동네의 명칭이
생소하여 인지도를 높이기 위해 흔히 쓰는 영어식 표현인 주니
어스를 붙였다는 것이다. 두 번째는 다섯 명의 창단 멤버 중 한
명인 산티아고 사나(Santiago Sana)가 명명한 것으로, 구단이 보
카에서 태어났다는 의미로서, 즉 보카 2세라는 뜻으로 주니어스

보카지구의 담벼락에 그려놓은 보카 주니어스 선수들

를 구단명칭에 사용했다는 것이다.

보카 주니어스의 상징인 유니폼 색은 구단 이름에 비해 선정하는 데 많은 어려움이 있었다. 첫 번째 유니폼 색은 빨간색이었으나, 상대편의 유니폼 색과 같아 바꾸게 되었다. 그 작업은 창단 멤버인 파렌가 형제의 여동생인 마누엘라가 직접 맡았다. 그녀는 흰색 바탕에 가로로 세 개의 검은 줄을 넣은 유니폼을 만들었다. 그러나 유니폼 색이 비슷한 클럽들이 많아 하늘색으로 유니폼을 교체하였다. 이듬해인 1906년 보카 주니어스는 노팅엄 데 알마그로와 경기를 펼쳤는데 유니폼 색이 상대팀과 유사하였다. 이 경기에서 패하자, 보카 주니어스는 다시 예전의 흰 바탕에 검은 줄무늬 유니폼으로 바꾸는 대신에 검은 줄무늬를 더 촘촘히 가늘게 넣었다. 그 후 1907년에 나시 유니폼 색을 바꾸자는 의견이 나왔고, 창단 멤버인 후안 브리체토는 하나의 아이디어를 제시하였다. 그 아이디어는 항구에서 기다리다가 첫 번째로 입항하는 배의 국기 색을 유니폼의 색으로 지정하자는 것이었다, 5명의 창단 멤버는 이에 동의하였고 2번 다리(Puente Dos)로 갔다. 그곳에 도착한 후, 첫 번째로 마주친 배는 바로 스웨덴 국적의 드로팅 소피아(Drotting Shophia)였다. 스웨덴 국기는 파란 바탕에 노란색 십자가로, 현재 보카 주니어스의 유니폼 색인 파란 바탕에서 노랑 줄무늬의 기원이 되었다.

보카 주니어스 선수들의 벽화 근처에는 미니 축구장이 있다. 그 축구장의 벽면에는 응원단의 모습과 보카 공화국(República de La Boca)이라는 글씨가 큼지막하게 쓰여 있다. 이 글귀는 1882년 제노바 출신 이주 노동자들의 파업을 계기로, 그들이 이탈리아법에 의거하여 보카지구의 독립을 선언하기로 결정한 데서 유래되었다. 그들은 보카지구를 보카 독립공화국(República Independiente de La Boca)으로 명명하고 흰색 바탕의 빨간 십자가가 그려진 제노바의 국기를 게양하였다. 이 사태는 아르헨티나 정부가 군대를 동원하여 국기를 철거하고 진압하면서 끝났다. "보카 공화국" 건설은 물거품이 되었지만, "보카 공화국"이라는 용어는 보카 주니어스 팬의 연대감을 상징하는 글귀가 되었다.

흔히 아르헨티나에서는 보카 주니어스의 팬을 세네이제(xeneize)라 한다. 세네이제는 이탈리아 제노바인을 뜻하는 방언에서 유래한 것이다. 보카 독립공화국과 세네이제는 이러한 이탈리아계

보카지구의 미니 축구장에 쓰여 있는 "보카 공화국"

이민자와 함께한 구단의 창단 역사를 반영하고 있다.

메시 폭행 팬과 체 게바라

　마라도나가 과거의 영웅이라면, 메시는 현재의 영웅이다. 2011년 6월 3일 아르헨티나 로사리오의 식당에서 한 남성이 팬들에 둘러싸여 있는 메시를 가격하였다. 유럽챔피언스리그에서 우승하고 아르헨티나에 금의환향한 메시를 고향 팬이 폭행할 줄이야 누가 짐작이나 했겠는가. 이런 돌발적인 상황에서 메시는 침착하게 대응하였다.

로사리오는 아르헨티나의 3대 도시로 메시의 고향이다. 메시는 그의 아버지가 코치를 맡았던 지역 클럽인 그란돌리(Gandoli)에서 축구를 시작하였고 그 후 같은 고향 클럽인 뉴 웰스 올드 보이스(Newell's Old Boys)로 옮겼다. 그러나 열한 살에 성장 호르몬 장애를 겪어 선수생활에 위기가 찾아왔다. 다행히도 메시의 실력을 눈여겨봐 둔 FC 바르셀로나가 치료비 전액을 지원한다는 조건으로 메시를 스카웃하였다.

메시가 폭행당한 것은 뉴 웰스 올드 보이스에서 선수 생활을 한 이력 때문이다. 폭력을 행사한 남성은 로사리오 센트럴(Rosario Central)의 열성적인 팬이었다. 두 구단은 로사리오에서 가장 유명한 구단들로 서로 라이벌 관계에 있다. 이 두 구단의 라이벌전은 아르헨티나에서 꽤 유명한 더비로 클라시코 로사리오(Clásico Rosario)라 불린다. 두 구단은 모두 영국인들에 의해 창단되었다는 공통점이 있지만, 계급적으로 대립관계에 놓여있는 점은 수페르 클라시코의 두 구단과 유사하다. 뉴 웰스 올드 보이스는 1903년 영국계 이민자인 아이작 뉴웰(Issac Newell)이 만든 구단이다. 아이작 뉴웰은 상업고등학교를 설립하였고, 그 학교의 학생들과 함께 자신의 이름 딴 축구팀을 창단하였다. 이에 비해 로사리오 센트럴은 철도회사에 소속된 영국 노동자들이 주축으로 만든 팀이다.

메시가 그 폭행 남성에게 적극적인 대응을 하지 않는 것은 이러한 두 구단 간의 역사적 관계를 알고 있었기 때문이다. 아무리 두 구단의 역사를 이해한다고 하더라도 메시가 뉴 웰스 보이스에서 성인 선수로 뛴 것도 아니고 유소년 팀에서 뛴 것을 꼬투리 삼아 폭행한 것은 억지스러워 보인다. 그러나 한편으로 그 열성팬에게 메시는 현존하는 최고의 선수 메시 혹은 아르헨티나의 대표로서 메시가 아니라 단지 상대구단에 몸담았던 선수에 불과했던 것이었다. 로사리오 센트럴 팬에게는 자신의 클럽에 대한 애정과 사랑이 메시의 유명세보다 더 중요했던 것이다. 메시도 이러한 아르헨티나의 축구 문화를 이해하기 때문에 그를 때린 열성팬에게 대응하지 않았던 것이다.

이 시대의 혁명가인 체 게바라가 열성적으로 응원한 구단이 메시를 폭행한 팬이 열렬히 지지하는 로사리오 센트럴이라는 것을 아는 사람은 드물다. 체 게바라는 로사리오에 태어났지만 한 번도 로사리오 센트럴 구장인 히간테 아로지토(Gigante Arroyito)를 방문한 적이 없다고 한다. 하지만 그는 항상 고향을 그리워하며 로사리오 센트럴의 골수팬임을 자청했다고 한다. 먼 타국에서 혁명할 때도 체 게바라는 고향의 클럽 소식에 귀를 쫑긋 세웠다고 한다. 메시를 폭행한 팬의 로사리오 센트럴에 대한 격렬한 사랑은 아마도 체 게바라의 뜨거운 혁명의 열정으로부터 물려받은 것이 아닐까.

보카 주니어스의 12번 응원과 외국인 이민자 차별

  지난 2010 남아공 월드컵의 화두는 인종차별 금지였다. 모든 경기 직전에 양 팀 선수들이 "인종차별 금지(say no to racism)"라고 쓰인 현수막을 들고 있으면, 양팀의 주장들은 그 내용을 읊었다. 이번 남아공 월드컵에서도 한국의 많은 네티즌들은 유럽계 심판들이 한국경기의 판정을 애매하게 하면 인종차별에 의한 편파판정이라고 흥분하곤 하였다. 비단 남아공 월드컵을 떠나 인종차별은 국제경기 혹은 프로리그에서 항상 제기되는 문제였다. 특히 한국의 축구선수들이 유럽리그에서 뛸 때 부딪히는 문화적인 문제가 바로 인종차별이다. 차범근은 독일 분데스리가에서 경기를 할 때 상대편 선수가 침을 뱉은 사건을 최근에 털어놓으면서 동양선수를 무시하는 행위를 경험했다고 언급하였다. 영국의 맨체스터 유나이티드 서포터들이 박지성을 향해 부르는 '개고기송'도 엄연히 인종차별이라 할 수 있다.

  이러한 인종차별은 라틴아메리카의 축구경기에서도 어김없이 나타난다. 지난 2009년 3월 10일 파라과이의 3대 일간지는 파라과이 정부가 아르헨티나 축구협회를 상대로 인종차별에 대한 사과를 요구한 사실에 대해 대서특필하였다. 그 이튿날에는 볼리비아의 주요 일간지들이 볼리비아 정부가 아르헨티나에 항의하는 내용의 기사를 실었으며, 스페인에서도 이 소식을 비중 있게 다루었다. 이와 관련된 기사는 파라과이가 볼리비아보다 훨씬 중요하게 다루었다. 파라과이는 사건이 일어난 하루 뒤인

2009년 3월 9일부터 주요한 소식으로 일면에 보도하였으나, 볼리비아는 하루 늦게 스포츠 면에서만 보도하였다. 이러한 차이는 파라과이와 아르헨티나의 오랜 역사적인 경쟁 관계에서 나타난 것이라 볼 수 있다. 여하튼 양일간 세 국가를 어수선하게 했던 것은 아르헨티나 프로축구 경기 중에 벌어진 응원단의 행동 때문이었다.

사건의 발단은 2009년 3월 8일 부에노스아이레스의 우라칸(Huracán) 축구장에서 인데펜디엔테(Independiente)와 보카 주니어스(Boca Juniors)가 경기를 펼치던 도중에 발생한 인종차별적인 응원에서 비롯되었다. 이날 경기에서 인데펜디엔테 응원단은 파라과이 국기와 볼리비아 국기, 그리고 상대팀인 보카 주니어스 응원단을 상징하는 숫자인 12가 쓰인 깃발을 걸어 놓은 후 노래를 불렀다. 그 노래의 내용은 "볼리비아와 파라과이 출신들은 날뛰지 마라"였다. 12번(La 12)의 의미는 12번째 선수라는 의미로 보카 주니어스의 서포터스를 일컫는다.

보카 주니어스는 가난했던 이탈리아계 이민자들이 창단하였고, 그 탄생지인 보카는 여전히 도시빈민지역이다. 이러한 전통 때문에 보카 주니어스를 응원하는 부류의 다수가 가난한 사람들이다. 인데펜디엔테 응원단은 보카 주니어스를 응원하는 사람들이 하위 계층의 사람들이 많다는 것을 이용하여 아르헨티나에서 경제적으로 어렵게 살고 있는 파라과이와 볼리비아계 이주 노동자들을 12번에 빗대어 조롱한 것이다.

인종차별적인 응원에 대해 파라과이와 볼리비아 정부가 즉각

대처한 것은 이러한 일들이 과거에 몇 차례 벌어졌기 때문이다. 2002년도에 인데펜디엔테의 응원단인 붉은 악마(diablos rojos)들은 볼리비아 국기에 "12번을 환영한다"라고 쓴 후 경기가 끝나고 승리를 자축하면서 선수들과 "모두 노래 부르자. 보카는 상(喪)중에 있으며, 그들은 모두 볼리비아와 파라과이의 깜둥이 새끼들이다"라는 구호를 외쳤다. 같은 해 리버플레이트(River Plate)의 단장인 알프레도 다비세(Alfredo Davicce)는 아르헨티나의 경제 사정 악화로 불법 이민자들을 추방할 법이 제정되면 볼리비아와 페루 사람들이 자신의 나라로 돌아가 보카 주니어스의 서포터스가 줄어들 것이라고 발언하였다. 그는 그 이유가 빈민지역 거주자의 절반 이상이 해외 이주노동자로서 대부분이 보카를 거쳐 들어왔기 때문이라고 발언하였다.

인데펜디엔테와 리버플레이트는 부유한 사람들을 상징하는 구단들이다. 아르헨티나의 상류층들은 이주 노동자와 가난한 사람들에 대한 차별과 편견이 심하다. 그것이 바로 축구 응원에까지 영향을 미친것이다. 라틴아메리카에서 축구는 지역과 국가를 통합하는 매개도 되지만, 역으로 다른 계층과 국민을 차별하고 조롱하는 수단이 되기도 한다. ⚽

브라질을 정복한 축구, 축구를 통해 브라질을 말한다

임두빈

지금 브라질은 20번째 월드컵 준비 중

　월드컵은 2014년에 20번째 생일잔치를 브라질에서 맞이하게
된다. 2007년 10월 30일 브라질은 스위스 취리히 본부에서 2014
년 월드컵 개최지로 최종 선정되었다. 브라질은 유일한 개최후

블래스터 FIFA회장이 차기 월드컵 개최국을 발표하고 있다.

보지로써 사실상 개최가 이미 예정되어 있었다. 어쨌든 월드컵에서 5회나 우승한 브라질이 1950년 이후 64년 만에 월드컵을 개최하게 된 것이다. 공식 발표식에 참여한 룰라 전(前) 브라질 대통령은 감격에 젖은 얼굴로 축구는 브라질 국민들에게 하나의 운동 이상이자 국민적 열정이라며 위대한 월드컵이 되도록 최선을 다하겠다고 소감을 전했다.

브라질 월드컵은 남미대륙에서 네 번째로 개최되는 대회이다.[1] 브라질 내 개최도시가 처음에는 18개였다가 마지막에 북동부의 마세이요(Maceió)가 기권을 하는 바람에 개최도시는 총 17개의 브라질 주도(州都)로 확정되었다.[2] 그러나 개최국의 영토 크기와 그에 따른 이동시간 등을 고려해서 8개에서 10개 사이로 개최도시 수를 줄여달라는 FIFA의 요청으로 인해 2009년 5월 31일 공식적으로 12개 도시로 최종 결정이 났다. 2013년에는 이 12개 도시에서 월드컵 준비를 점검하는 차원에서 컨페더레이션 컵이 열릴 예정이다. 현재 브라질 정부차원에서 2014년 월드컵준비과정에 대한 홍보[3]를 진행중이며, 여러 정보를 제공하고 있다.

---

1) 1930년 우루과이, 1950년 브라질, 1962년 칠레, 1978년 아르헨티나
2) 브라질 전체 도시 수는 5,565개에 달한다.
3) www.copa2014.turismo.gov.br

축구시장과 펠레법

스포츠 중에서 축구만큼 전 지구적인 영향력을 지닌 것은 없다. 축구는 다른 무엇보다도 대중적인 스포츠이다. 축구가 대중적인 열광을 끌어내는 가장 중요한 요소는 바로 다른 스포츠에 비해 상대적으로 간단한 규칙과 장비일 것이다. 그렇기 때문에 누구라도 언제든지 어디서라도 즐길 수 있는 것이 바로 축구이며, 한 해에 천 명 이상의 축구선수를 수출하는 나라가 바로 브라질이다. 일반적으로 브라질 어린이들과 청소년들이 학교에서 보내는 시간은 그리 많지 않다. 대부분의 브라질 어린이들과 청소년들은 닌텐도, PC게임 등 우리나라 어린이와 청소년들 누리는 것과 같은 취미 생활을 누릴 여유가 없는 경우가 많다. 그리고 어릴 때부터 넓은 땅, 천혜의 자연조건에서 고무공이라도 공 하나만 있으면 여럿이 뛰어다닐 수 있는 조건이 자연스럽게 형성되어 있다. 맨발로 공을 차던 아이들이 축구인으로 입문하여 각각 선수권전을 치르는 25개가량의 대회가 있고, 상당한 수준과 기량을 리그전을 통해 선보이게 된다.

브라질축구연맹(CBF)의 통계를 보면 2004년부터 5,000명 이상의 선수가 해외로 진출했다고 한다. 2009년에는 한 달에 평균 100명꼴로 수출하여 전 세계 프로축구계에 미치는 영향력을 무시할 수가 없을 정도이다. 수출에 동원되는 인재들은 전국에 흩어져 있는 'olheiro'(올레이루: '지켜보는 이'라는 의미를 가지며 스카우터에 해당된다)에 의해 발굴되고 확보된다. 워낙 인력 송출이 많다 보니 예전에는 18세 미만의 선수들이 미처 브라질에서 알려지기도 전에 외국으로 팔려나가는 일이 빈번했다. 지금은 '펠레법'이라고 해서 법적으로 18세 미만의 선수를 외국에 보낼 수 없게 제도화되어 있다. 사실 어린 선수들이 미성년의 나이와 낮은 학력 때문에 비즈니스에 대한 지식이 전무인 상태라서 외국에 나가서 사기를 당하거나 재능 있는 유망주가 제대로 된 관리를 받지 못해 망가지기 일쑤였다. 이런 문제가 사회문제로 크게 대두되었고, 브라질이 배출한 세기의 축구 영웅 펠레가 1994년 브라질 체육부장관에 취임하면서 재임 동안 '축구선수는 노예가 아니다'라는 슬로건 아래 선수보호법인 '펠레법'을 제정했던 것이다.

외국으로 진출하는 대부분의 브라질 선수들은 꿈에 부풀어 브라질을 떠나지만 외국에서 역시 국내와 다를 바 없는 녹록지 않은 현실과 만나게 된다. 사실상 브라질 프로축구선수들의 수입은 생각보다 그리 높지가 않다. 몇몇 1부 리그의 최상급 선수들 정도가 유럽리그 수준의 연봉을 받을 뿐이다. 그런 사정이 있기에 선수들은 자신의 능력에 비해 처우가 열악한 브라질을 떠나려는 것이고, 모두는 아니지만 악덕 에이전트들이 그러한 선수들의 사정을 이용하여 그 중간 이익을 착복하는 고리가 근절되지 않고 있다고 한다. 브라질 국내와 해외 에이전트들은 자신의 이익을 극대화하기 위해 선수들의 약점을 100% 이용한다. 브라질에서는 3부 리그에서 뛰는 선수들조차 해외에서 우수한 기량을 보여준다. 그만큼 브라질에는 축구 인재가 넘쳐난다. 오죽하면 국가대표팀 전부를 교체해서 월드컵에 나가도 순위 변경에 큰 영향을 받지 않는다고 할까. 이처럼 화려한 전적을 자랑하는 브라질 축구를 부정적으로 바라볼 때, 그 속 내면에는 에이전트들이 재능 있는 어린 선수를 눈치 빠르게 재빨리 선점해 놓고 그 권리를 싸게 사서 비싸게 되파는 현대판 노예시장이 도사리고 있다.

축구에 대한 열정과 삶의 방식

앞서 브라질 축구자본의 막강함과 그 내면의 문제점을 보았다. 이러한 복잡한 문제들이 존재하지만 어쨌든 축구는 공 하나에 22명의 눈과 발이 집중되고 그 장면을 수만 명이 현장에서 동시에, 전파를 통해서는 수백만 명이 지켜보는 하나의 축제이다. 특히, 한국이나 브라질뿐만 아니라 모든 나라들이 월드컵 같은 국가대표팀 경기가 있는 날에 보여주는 열정은 대단하다. 브라질을 비롯하여 남미의 전통적인 축구 강국들은 국가대표경기가 있는 날을 임시 공휴일로 정할 만큼 축구에 대한 열정이 뜨겁다. 한국도 축구에 열광하는 편이지만 사실 그 역사와 문화는 그들에 비해 상대적으로 미미하다. 월드컵이나 올림픽 등 국가대표팀 경기에는 열광하면서 정작 그 자양분인 프로축구에는 관심이 없는 게 우리 축구문화의 현 주소인 것 같다. 한 나라의 축구 발전은 팬들의 존재와 지지의 유무가 필수적인 자양분이다. 이런 자양분을 바탕으로 비로소 한 나라의 축구 문화가 발전할 수 있는 최소한의 자본을 지닐 수 있게 된다. 그리고 '국가'가 축구의 가장 근본적인 단위가 되는 월드컵에서 사람들은 자신들의 정체성을 대표팀에 오버랩시킨다. 사실상 우리가 축구를 하나의 스포츠로 즐기는 것이 아니라, 축구를 매개로 한 민족 집단 간의 경쟁과 그 승패에서 나오는 카타르시스에 중독된 것은 아닐까?

우리와는 달리, 브라질에서 축구는 생활의 일부가 아니라 그 자체이다. 대외적으로 브라질에서 축구는 그동안 훌륭한 외교

관의 역할을 수행해 왔고 자신과 그 문화를 전 세계에 알리는 역할을 해 왔다. 브라질 사람들에게 있어 축구에 대한 욕망은 아주 어려서부터 시작된다. 2010년 남아공월드컵에서 브라질대표팀을 지휘했던 둥가(Dunga) 전(前) 감독의 말을 빌리자면, "브라질은 가슴으로 축구를 하며 어릴 때부터 대부분의 어린이들이 훌륭한 축구선수가 되기를 꿈꾼다. 공이 없어도 즉석에서 창의적으로 대용품을 찾아 축구를 한다"고 증언하고 있다.

브라질 사람들에게 축구는 인생의 한 가지나 마찬가지이다. 좋아하든 싫어하든, 잘하든 못하든 간에 브라질 사람이라면 축구는 마치 숙명의 그림자처럼, 브라질 사람임을 형용하는 형용사처럼 뒤를 따라다닌다. 이처럼 브라질에서 축구는 사회적 장벽을 뛰어넘어 브라질 사람이면 누구나 즐길 수 있는 스포츠가 된 지 오래다. 자신의 정체성을 어느 한 특정 팀을 응원하는 소속감으로 대신하기도 한다. 이런 사실을 반증이라도 하듯이 브라질은 월드컵 우승을 다섯 번 손에 안은 유일한 나라이자, 앞에서 얘기한 바와 같이 갑자기 중요한 사태가 발생하여 대표팀 전원을 교체해도 전체적인 수준이 떨어지지 않는 영원한 축구의 나라, 축구황제 '펠레'들을 양성시키는 나라이기도 하다.

우승은 차지하고라도 현란한 기술을 앞세워, 보는 즐거움을 선사하는 브라질만큼 세계 축구팬들의 상상력을 자극하고 관심을 끌어 온 팀은 없었다. 브라질 선수들이 구사하는 즐기는 축구는 전염성이 강해서, 가깝게는 일본을 비롯하여 많은 나라들이 브라질이 보여주는 재미있고 보기에도 즐거운 축구를 따라하려고 시도해 왔지만 대부분 성공적이지 못했다. 그래서 오늘날 브라질은 자국에서 선수들을 육성하여 전 세계 프로축구계에 배급하는 스트라이커 공장 역할을 맡고 있다. 브라질 식의 축구라는 모방책이 결국은 원조의 벽을 넘지 못한다는 반증이 된 것이다. 축구의 종가는 잉글랜드라고 하지만 다른 나라 축구와 구별되는 축구 공화국 브라질 축구만이 지닌 큰 특징을, 딱히 꼬집어 설명할 수 없지만, 항상 한 시대를 풍미하는 스트라이커를 배출하고 다시 그 대를 잇는 또 다른 스트라이커가 탄생한다는 점을 들 수 있다. 세계적인 스트라이커의 탄생은 브라질이 걸어 온 역사와 무관하지 않다. 흔히 브라질 축구를 삼바축구라고 하지만 필자는 '징가(Ginga)'의 축구라고 부른다. 이 '징가'는 아프리카 흑인들이 전래의 고유무술을 계승 발전시킨 '까뽀에이라(capoeira)'의 기본 동작이기도 하다. 더 나아가서 무술 혹은 춤동작의 움직임뿐만이 아니라 생각하는 방식으로까지 연관시킨다. 우리 식으로 말한다면, '허허실실'을 중심으로 하는 춤사위라고 부를 수 있을까.

자, 이제 축구경기를 정해진 장소와 시간에서 펼쳐지는 하나의 삶이자, 막을 올리고 내리는 하나의 드라마라고 한다면, 그 드라마가 펼쳐지게 된 시나리오를 먼저 읽어 볼 필요가 있다.

브라질 축구의 기원과 시스템

브라질이 축구와 관계를 맺게 된 역사는 1894년 찰스 밀러라는 영국계 브라질 청년이 영국에서 유학을 마치고 귀국하면서 축구공 2개와 유니폼을 들고 들어오면서 시작된다. 아버지뿐만 아니라 외가 쪽도 상파울루 시 브라스(Bras) 지역 지주 집안 출신이었던 밀러는 1884년 영국의 베니스터 코트 스쿨(Bennister Court School)에서 유학 도중에 축구를 접하게 됐고 사우샘프턴(Southampton) 지역 대표선수로까지 활동했다고 전해진다.

1894년, 산타로사(Santa Rosa)와 가조메트로(Gasometro) 사이에 위치한 바르제아 두 카르모(Varsea do Carmo) 지역에 위치한 외갓집 소유지에 축구장을 만들고 상파울루 철도회사, 가스회사, 런던은행, 애틀랜틱 플럼(스포츠클럽) 소속의 재브 영국인들과 브라질 상류층 중심으로 축구팀을 만들어 축구를 전파해 나갔다. 1901년에 "인터내셔널 스포츠클럽(International Sporte Club)", "게르마니아 스포츠클럽(Germania Sporte Club)", "애틀랜티코 파울리스타노 클럽(Atlantico Paulistano Clube)", "애틀랜티카 스포츠클럽(Atlantica Esporte Clube)", "애틀랜티카 마켄지 컬리지 스포츠클럽(Atlantica Makenzie College Club)" 등이 상파울루에 세워졌고 이때 최초로 상파울루 축구연맹이 구성되었다.

브라질에 축구가 처음 소개되었을 당시 이 새로운 스포츠는 소수 엘리트 계층의 전유물과 같았다. 그리고 최초로 설립된 축구팀들의 소유주는 대부분 외국인들이었고 오늘날 브라질 대표팀을 구성하고 있는 다인종적인 면모를 볼 때 상상 밖의 일이지만 백인들만이 직업선수로서 등록되어 축구를 할 수 있었다. 이러한 상황은 1920년대에 이르러서 가까스로 흑인들을 비롯한 유색인종들에게도 축구팀에서 직업선수로 활약할 수 있는 기회가 열렸다. 리우데자네이루 소재 바스코(Vasco) 클럽이 바로 흑인과 빈곤계층 출신들로 구성된 상태로 우승을 거둔 대표적인 팀 중의 하나였다.

실질적인 브라질 축구의 중흥기는 제툴리오 바르가스(Getulio Vargas) 정권 시기를 통해 마련되었다. 1950년 브라질 월드컵개최를 위해 리우 데 자네이루에 건설된 마라카낭(Maracanã) 경기장은 결승전 경기에 20만에 달하는(정확하게 19만9천8백44명) 관객이 입장한 신기록을 보유하고 있다. 동시에, 우루과이에게 역전패를 당해 우승을 놓친 경기장으로 브라질 사람들에게 저주받은 경기장으로 기억된다. 현재 2014년 월드컵 결승전 경기장으로 내정되었으며, 보수 확장 공사로 2013년 다시 문을 열 예정이다. 약 8만7천명의 관객이 수용 가능하다. 마라카낭 이라는 경기장 이름은 원주민 언어인 tupi-guarani(투피과라니)어로 "방울소리와 비슷한"이라는 의미를 가진다. 경기장을 세운 자리에는 원래 북쪽에서 날아온 새떼들의 서식지로 유명했는데 그 새들이 방울소리와 비슷한 소리를 낸다고 해서 마라카낭 과수(Maracanã-guaçu)라는 이름으로 불렸고 경기장 이름도 여기서 따오게 되었다.

마라카낭(Maracanã) 경기장

1950년의 악몽을 뒤로 하고, 1958년 스웨덴 월드컵에서 흑인인 지지(Didi)와 펠레(Pele), 물라토로 드리블의 교과서로 불리는 가링샤(Garrincha)와 백인계 주장 벨리니(Belini)로 구성된 혼혈팀이 우승을 거두게 되었다.4) 이를 계기로 '축구의 나라' 브라질이 웅비하기 시작했고, TV시대가 본격적으로 열린 시기였던 만큼 국내외적으로 축구가 브라질 민족정체성의 대표적인 아이콘으로 뿌리 내리게 되었다.

---

4) 구소련의 출전을 포함하여 역대 가장 많은 55개국이 참가한 대회였지만, 우리에게는 FIFA에서 날아온 대회 출전신청서를 축구협회 직원이 마감 날짜가 다 지나도록 깜빡하는 바람에 참가조차 하지 못한 해프닝이 담긴 월드컵이기도 하다.

출처: www.ibest11.com

1958년 월드컵을 제패하여 돌풍을 일으킨 브라질대표팀

이로써 축구는 브라질에서 이미 모든 피부색, 모든 사회계층, 각기 다양한 믿음과 신념과 각기 다양한 지역에서 모인 사람들이 세계 최고의 자리에 앉을 수 있는 유일한 출구로 작동하게 된 것이다. 이처럼 축구는 급속도로 브라질 국민들의 사랑을 얻어갔고 전 세계에서 대표적인 '축구의 나라'로 불리기 시작했다.

제툴리오 바르가스 재단(FGV)의 조사 자료에 따르면, 브라질 프로 축구선수들이 1년 52주 동안 경기를 갖는 시간이 49주나 되며 전체 인구의 16%에 달하는 800개의 클럽, 1만3천 명의 아마추어 팀과 1만1천 명의 연방등록선수, 3천만 명의 축구인구가 한 해 160억 헤아이스(약 18조) 상당의 매출효과를 낳는다고 한

브라질 국가대표팀 공식유니폼

골키퍼 공식유니폼

출처 : http://pt.wikipedia.org/wiki/Sele%C3%A7%C3%A3o_Brasileira_de_Futebol

역대 브라질 국가대표팀 유니폼 모음

다. 또한 FIFA 랭킹 1위인 브라질은 월드컵에도 전 대회에 출전기록과 함께 1952, 1962, 1970, 1994, 2002년에 걸쳐 5회나 우승을 차지하였다. 이러한 통계를 보더라도 축구가 동 국가의 사회와 그 국민들에게 주는 자긍심이나 일상생활에서 차지하는 비중이 얼마나 높은지 충분히 짐작할 수 있다. 1950년에 이어 2014년에 두 번째로 자국에서 월드컵을 개최하는 브라질은 이제 나날이 성장하는 자국의 경제력과 신장되는 국력을 축구실력과 더불어 전 세계에 보여줄 준비를 하고 있다.

브라질 국가대표팀(Seleção Brasileira)

브라질 국가대표팀이라 함은 브라질축구협회(CBF)가 소집하여 Conmebol(남미축구연맹)이나 FIFA가 조직한 축구대회에서 브라질을 대표하는 팀을 의미한다.

브라질 대표팀은 1914년 8월 20일에 처음 결성되었다. 결성 이후 첫 경기는 플루미넨스 경기장에서 영국의 엑시터시티(Exeter City)팀을 상대로 2대0으로 승리하면서 출범하게 되었다. 그리고 브라질 대표팀이 출전하여 첫 우승을 한 대회는 현재 아메리카컵의 전신이었던 '남미리그'였다. 잘 알려진 바와 같이 브라질 국가대표팀은 현재까지 치러진 모든 월드컵경기에 출전한 지구상에서 유일한 팀이자 다섯 번의 우승(1958, 1962, 1970, 1994, 2002)을 차지한 최다우승국이기도 하다. 그 외 아메리카컵에서 8번 우승을, 컨페더레이션컵에서는 3번의 우승컵을 거머쥐었으나 올림픽경기에서는 한 번도 우승을 차지한 적이 없다. 브라질 국내팀 중 국가대표선수를 가장 많이 배출한 곳은 리우데자네이루의 보타포구(Botafogo)팀으로 현재까지 92명의 국가대표선수를 배출한 바 있다.

1970년 월드컵을 세 번째로 제패한 이후, 브라질 축구는 앞으로도 영원히 무적의 역사를 계속해서 써내려 갈 것 같았으나 동시에 이때부터 브라질 축구가 침체의 길을 걷기 시작한 시기이기도 하다. 기본적으로 브라질 선수들이 연마한 개인기의 기능은 기본적으로 눈앞에 맞닥뜨린 한 명의 상대편 선수를 상대하기 위한 것이었다. 물론 상대편 팀 선수들 역시 자신의 위치를 지키며 브라질 선수들의 개인기를 얌전히 기다리고 있었던 시대가 있었던 것이다. 그러나 네덜란드의 토털사커 출현 이후, 브라질 선수들은 이전까지 얌전히 자기 자리를 지키던 선수들이 자기 자리를 벗어나서 두세 명씩 달라붙어 공을 빼앗아내는 선수들을 상대할 만한 준비가 되어 있지 않았다.[5] 74년 이후 세계 곳곳에 빠르게 보급되기 시작한 토털사커에, 한때 조직축구를 농락하며 개인기로 새로운 축구의 길을 제시했던 브라질의 '징가' 축구가 역사상 최대의 난관에 부딪히게 되었다. 비교를 하자면, 유럽의 축구가 스피드와 힘의 축구라면, 브라질 축구는 섬세한 개인기에 기초한 야성적인 감각미를 자랑하는 축구로 평

___

5) http://www.ddanzi.com/ddanzi/news_print.php?bid=sec1&bno=8478 참고

가할 수 있다. 실제로 브라질은 70년 이후 24년간 월드컵에서 우승을 차지하지 못했다. 위기감을 느낀 브라질 대표팀은 전통적인 '개인기' 위주의 축구를 버리고 '조직축구'로의 변형을 꾀했지만 결과는 역효과만 났을 뿐이다. 그러나 80년대에 들어서며 4-4-2 포메이션 사용을 통해 현대축구에 적응하면서 다시 부활을 꿈꾸게 되었다.

최근 2010년 남아공 월드컵에서도 브라질은 '화려한 개인기'를 지양하고 보여주는 예술축구보다 '조직'을 바탕으로 한 '이기는' 축구를 지향했으나 결과는 부정적이었다. 브라질 축구를 대표팀 경기뿐만 아니라 수년간 국내리그전을 보아 왔던 필자가 보기에 대표팀의 기동하는 모습이 마치 '치수가 맞지 않은 기성복'을 억지로 입어 불편해하는 사람의 모습을 보는 것 같았다. 그 결과 역대 대표팀 주장으로 활약했었던, 그리고 브라질 사람답지 않게 너무 '진지한' 모습을 보여주던 둥가 감독의 즉각적인 경질로 나타났다. 과거 1994년 미국 월드컵에서도 비슷한 상황이 일어났었다. 결국 브라질이 우승을 차지하기는 했지만 수비에 치중하여 얻은 승리에 대한 만족감보다 과정에서 일어나는 브라질 '징가' 축구의 공격력이 주는 카타르시스를 느끼지 못한 자국민의 비난에 직면하여 우승한 감독(당시 파헤이라 감독)이 경질되는 초유의 사태도 일어난 적이 있다.

사실 이처럼 브라질 사람들은 골대 앞에서 아기자기한 개인기를 중심으로 상대편을 농락하면서 골대에 가볍게 집어넣는 골에 더 열광하며, 그것이 바로 브라질 축구만이 가져다주는 정수라고 생각한다. 비록 오늘날의 브라질이 안정된 국내정치를 바탕으로 괄목할 만한 경제성장을 이루면서 선진국들과 어깨를 나란히 하는 것은 좋으나, 그렇다고 해서 유럽열강들의 스타일을 따라가지 말고 자신만의 색깔을 계속적으로 계승하면서 승리를 끌어내는 모습을 보고 싶은 게 개인적인 바람이기도 하다. 브라질 축구팬으로서 브라질 국민이 아닌 게 다행인 점은 굳이 성적만을 가지고 그들의 축구를 바라볼 필요는 없다는 점이다. 당사자들이야 그들만의 전통적인 스타일과 현대축구의 궁극적인 목표인 '이기는' 축구를 어떻게 효과적으로 배합하느냐 하는 전통적인 모습을 지키는 것과 퓨전을 일구어 내야 하는 쉽지 않은 숙제를 안고 있겠지만….

브라질 국가대표팀 월드컵 역대 전적		
연도/개최지	우승국	브라질 순위
1930년 우루과이	우루과이	6/13
1934년 이탈리아	이탈리아	14/16
1938년 프랑스	이탈리아	3/15
1950년 브라질	우루과이	2/13
1954년 스위스	서독	5/16
1958년 스웨덴	**브라질**	1/16
1962년 칠레	**브라질**	1/16
1966년 영국	영국	11/16
1970년 멕시코	**브라질**	1/16
1974년 서독	서독	4/16
1978년 아르헨티나	아르헨티나	3/16
1982년 스페인	이탈리아	5/24
1986년 멕시코	아르헨티나	5/24
1990년 이탈리아	서독	9/24
1994년 미국	**브라질**	1/24
1998년 프랑스	프랑스	2/32
2002년 한일 공동	**브라질**	1/32
2006년 독일	이탈리아	5/32
2010년 남아공	스페인	6/32
2014년 브라질	개최국	?
월드컵 16회 16번 출전 5번 우승		

Camisa	Nome	Posição	Idade	J Sel	C
	Victor	Goleiro	27	0	Grêmio
	Jefferson	Goleiro	27	0	Botafogo
	Renan	Goleiro	19	0	Avaí
	Marcelo	Lateral	22	3	Real Madrid
	André Santos	Lateral	27	11	Fenerbahçe
	Daniel Alves	Lateral	27	33	Barcelona
	Rafael	Lateral	20	0	Manchester United
	David Luiz	Zagueiro	23	0	Benfica
	Henrique	Zagueiro	23	1	Racing Santander
	Réver	Zagueiro	25	0	Atlético Mineiro
	Thiago Silva	Zagueiro	25	6	Milan
	Sandro[i]	Volante	21	1	Internacional
	Hernanes[i]	Volante	25	1	São Paulo
	Lucas	Volante	23	3	Liverpool
	Jucilei	Volante	22	0	Corinthians
	Ramires	Volante	23	13	Benfica
	Ederson	Meia	24	0	Lyon
	Paulo Henrique Ganso	Meia	20	0	Santos
	Carlos Eduardo	Meia	23	2	Hoffenheim
	Alexandre Pato	Atacante	20	8	Milan
	Robinho	Atacante	26	79	Santos
	Neymar	Atacante	18	0	Santos
	André	Atacante	19	0	Santos
	Diego Tardelli	Atacante	25	4	Atlético Mineiro
	Mano Menezes	Treinador	48	0	

출처: http://pt.wikipedia.org/wiki/Sele%C3%A7%C3%A3o_Brasileira_de_Futebol

현 국가대표팀 명단과 소속팀

주요 대회

한때 무리한 경기일성으로 브라질 국내리그에 대한 비판의 목소리가 높았으나 국회에서 관련 규정을 통과시키면서 변화가 이루어졌다. 그 결과, 브라질 국내경기 일정과 유럽리그 일정이 통일됨으로써 축구경기의 글로벌화를 이루는 효과를 낳게 되었다. 전통적으로 국내리그는 1월에 시작되는데 가장 먼저 시작되는 경기는 주별 리그이다. 예를 들어, 1990년대 중반과 2002년 사이에는 지역 리그인 '리우-상파울루 리그', '남부-미나스 리그', '북동부 리그' 등 다른 주 클럽과 섞어서 치르는 리그가 연초부터 시행됐었다. 이 리그들은 큰 팀들이 연초부터 경기부담을 많이 갖게 된다는 이유로 폐지되었다. 1989년 대체 경기로 연초에 열리는 '브라질컵(Copa do Brasil)'이 브라질 국내경기에서 비중 있는 리그로 부각되었고 현재 브라질에 소재한 모든 프로팀이 경합을 벌이는 동시에 가장 많은 팀이 출전하는 유일한 국내 리그가 되었다. 그리고 이 '브라질컵'의 승자는 다음 해 리베르타도리스컵(Copa dos Libertadores)에 자동으로 출전할 수 있는 티켓을 보장받는다. '브라질컵'이 만들어진 이후 주별 우승팀이나 연방 내 약소팀들이 국제 규모의 경기에 참여할 기회가 주어졌다는 점이 주목할 만한 성과로 평가되고 있다.

'브라질레이라웅(Brasileirão)'으로 더 잘 알려져 있는 '브라질리그(Campeonato Brasileiro)'는 브라질축구협회(CBF)[6]가 브라질 국내에서 비중 있는 경기를 만들기 위해 1971년 창설한 것으로 그 전신으로 '따사브라질'과 '호베르토 고메스 리그'가 있다. '브라질레이라웅'의 우승팀은 '리베르타도리스컵(Copa Libertadores)'과 '남미컵(Copa Sul-Americana)'에 자동 출전자격이 주어지며 성적이 부진한 팀을 1부 리그에서 2부 리그로 강등시키는 역할도 맡

---

6) 브라질 최상위 스포츠협회이다. 브라질에서 이루어지는 모든 경기 일정을 조직하고 대표팀을 선발한다. 협회 본부는 리우데자네이루에 위치하고 있으며 현 회장은 히까르도 테이셰이라(Ricardo Teixeira)이다.

고 있다. '브라질레이라웅'은 2003년 이후부터 5월에서 12월 사이 열리는데 6월과 8월 사이 외국이적 시기와 겹치는 바람에 많은 선수들이 해외로 빠져나가면서 국내에서 활동할 선수 수급 문제가 왕왕 발생한다. 더군다나 '리베르타도리스컵'의 결승전 시기와 겹치고 결승전 시기가 '남미컵(Sul-Americana)' 일정과도 겹치는 등 경기 운영에 문제가 많이 발생하는 대회이기도 하다. 브라질레이라웅은 1부 리그뿐만 아니라 4부 리그까지 대회가 조직된다. 3부 리그에 대한 낮은 관심도를 극복하기 위해 브라질 축구협회는 4부 리그 창설을 2008년에 실현시켜 총 40개의 팀이 합류를 하게 되었다. 그 효과로 총 64개 팀으로 구성되었던 3부 리그팀이 2009년에는 총 20개 팀으로 정리가 되었다.

전체적으로 브라질의 프로축구팀들은 한 해 평균 80경기를 소화해 낸다. 다시 말해서 4, 5일당 1경기를 소화하는 일정이다. 1부 리그 경기는 일반적으로 목요일, 금요일 밤 시간대에, 주말 양일 오후에 경기를 갖는다. 주별 리그에 평행해서 시별 리그와 기타 지역 리그들이 열린다.

1) 브라질리그(캄피오나투 브라질레이루: Campeonato Brasileiro)

브라질 최초의 주(州)간 대항 축구대회는 리우-상파울루대회 (Torneio Rio-São Paulo)로 1933년에 결성되어 1950년과 1966년 사이 본격적인 궤도에 올랐다. 1954년 이후부터 리우-상파울루 대회의 공식명칭은 호베르투 고메스 페드로사(Roberto Gomes

Pedrosa) 토너먼트로 불렸다. 1959년에는 리우-상파울루대회와 병행해서 최초로 전국 규모의 대회인 따사브라질대회(Taça Brasil)가 조직되었다. 따사브라질대회는 1968년까지 주별 우승팀을 예선전에 참가시켜 리베르타도리스컵 출전 티켓을 따게 했다. 그 첫 번째 티켓은 바이아(Bahia)가 가져갔다.

1967년 리우-상파울루대회는 미나스제라이스, 리우그란데두술, 파라나 주 팀들이, 더 나중에는 바이아와 페르남부쿠 주 팀들이 합세를 하게 되면서 규모가 커졌다. 거의 40년에 달하는 역사를 지녔음에도 브라질리그는 매년 규정도 바뀌고 참가팀도 20개 팀에서 최대 94개 팀으로 차이가 극명하게 벌어지기도 한다. 브라질축구협회(CBF)는 2003년에 처음으로 브라질리그를 두 그룹으로 나눠 진행하여 총점을 집계하는 방식을 채택하였다. 이 방식은 전 세계 주요 축구명문 국가구내 리그전에 적용되고 있는 방식이기도 하다. 2009년 브라질리그 1부 리그에는 20개 팀이 출전하여 4개 팀이 2부 리그로 떨어졌고 2부 리그의 4개 팀이 1부 리그로 전환되었다. 이 시스템은 3부 리그와 4부 리그에도 동일하게 적용되고 있다.

연도	우승팀
1971	Atlético-MG 아틀레치쿠
1972	Palmeiras 팔메이라스
1973	Palmeiras 팔메이라스
1974	Vasco da Gama 바스코다가마
1975	Internacional 인터나시오날
1976	Internacional 인터나시오날
1977	São Paulo 상파울루
1978	Guarani 과라니
1979	Internacional 인터나시오날
1980	Flamengo 플라멩고
1981	Grêmio 그레미오
1982	Flamengo 플라멩고
1983	Flamengo 플라멩고
1984	Fluminense 플루미넨스
1985	Coritiba 코리치바
1986	São Paulo 상파울루
1987	Sport/Fluminense 스포르치/플루미넨스
1988	Bahia 바이아
1989	Vasco 바스코
1990	Corinthians 코린치안스
1991	São Paulo 상파울루
1992	Flamengo 플라멩고
1993	Palmeiras 팔메이라스
1994	Palmeiras 팔메이라스
1995	Botafogo-RJ 보타포구
1996	Grêmio 그레미오
1997	Vasco 바스코
1998	Corinthians 코린치안스
1999	Corinthians 코린치안스
2000	Vasco da Gama 바스커다가머
2001	Atlético-MG 아틀레치코
2002	Santos 상투스
2003	Cruzeiro 크루게이루
2004	Santos 상투스
2005	Corinthians 코린치안스
2006	São Paulo 상파울루
2007	São Paulo 상파울루
2008	São Paulo 상파울루
2009	Flamengo 플라멩고

출처: Almanaque Abril 2010

2) 브라질컵(Copa do Brasil)

브라질컵은 타사브라질(Taça Brasil)을 계승하여 1989년 조직된 토너먼트 방식의 대회로 축구연맹에 소속된 모든 팀이 참가한다. 대회 우승팀은 다음 해 리베르타도리스컵 출전티켓을 보장받는다. 그레미오(Grêmio)가 32개 팀이 참가한 첫 대회에서 우승을 차지했고 오늘날까지 최다승 보유팀이라는 전적을 가지고 있다. 브라질컵 대회에는 '브라질리그(Campeonato brasileiro)' 1부 팀과 주별 우승팀 및 외부 초청 팀들이 참가한다. 2001년에는 리베르타도리스컵에 참가 중인 팀의 브라질컵 참가를 금지하게 되었다. 2009년에는 코린치안스(Corinthians)가 인터나시오날(Internacional)을 꺾고 브라질컵 통산 세 번째 우승을 차지하였다.

브라질컵 역대 전적

연도	우승팀
1989	Grêmio 그레미오
1990	Flamengo 플라멩고
1991	Criciúma-SC 크리시우마
1992	Internacional 인테르나시오날
1993	Cruzeiro 크르제이루
1994	Grêmio 그레미오
1995	Corinthians 꼬린찬스
1996	Cruzeiro 크르제이루
1997	Grêmio 그레미오
1998	Palmeiras 팔메이라스
1999	Juventude 주벵투지
2000	Cruzeiro 크르제이루

2001	Grêmio 그레미오
2002	Corinthians 꼬린찬스
2003	Cruzeiro 크루제이루
2004	Santo André 산투 안드레
2005	Paulista de Jundiaí 파울리스타 지 준지아이
2006	Flamengo 플라멩고
2007	Fluminense 플루미넨시
2008	Sport 스포르치
2009	Corinthians 꼬린찬스

출처: Almanaque Abril 2010

3) 주(州)별 대회

주별 대회는 1902년에 출범한 상파울루리그(Campeonato Paulista)를 필두로 결성되었다. 2002년에 이르러 주별 리그는 리우-상파울루리그, 남부-미나스리그, 북동부대회, 중서부리그, 북부리그와 같은 지역별 대회에 그 인기를 빼앗겼다. 2003년에 상기에 언급한 지역대회들이 브라질축구연맹에 의해 폐지되었으나 9개월 동안 점수를 따야 하는 브라질리그에 집중시키기 위해 축구팀들의 주별 대회 참가 기간이 축소되어 현재 대표적인 주별 대회일지라도 경기 일정이 3개월에서 4개월 징도에 그치고 있다.

주	우승팀
Acre	Juventus
Alagoas	ASA
Amapá	São José
Amazonas	América
Bahia	Vitória
Ceará	Fortaleza
Distrito Federal	Brasiliense
Espirito Santos	São Mateus
Goiás	Goiás
Maranhão	JV Lideral
Mato Grosso	Luverdense
Mato Grosso do Sul	Naviraiense
Mainas Gerais	Cruzeiro
Pará	Paysandu
Paraíba	Sousa
Paraná	Atlético-PR
Pernambuco	Sport
Piauí	Flamengo-PI
Rio de Janeiro	Flamengo
Rio Grande do Norte	Assu
Rio Grande do Sul	Internacional
Rondônia	Vilhena
Roraima	Atlético Roraima
Santa Catarina	Avaí
São Paulo	Corinthians
Sergipe	Confiança
Tocantins	Araguaína

출처: Almanaque Abril 2010

4) 리베르타도리스컵(Copa Libertadores)

　리베르타도리스컵은 1960년에 시작되었다. 남미축구연맹(CONMEBOL)에 의해 조직되며 연초에 남미의 주요 팀들이 서로 모여 우열을 가리는 시합을 갖는다. 대회 초기에는 국가별 우승팀만이 참가했었다. 1968년에서 1997년 사이 20개 팀과 전년 우승팀이 참가하는 규모로 확대되었다. 1998년 남미축구연맹이 멕시코 2개 팀을 초청했고, 이 두 팀은 대회참가팀 중 최약체인 베네수엘라를 대표하는 두 팀과 함께 예선전을 치르는 조건으로 참가하게 되었다. 2000년에는 32개 팀, 2004년에 36개 팀으로 참가팀이 늘어났다. 2005년에 38개 팀이 출전했는데 이 중에서 26개 팀을 제외한 나머지 12개 팀은 예선전을 치러야 하는 운영방식으로 토너먼트가 진행된다. 최다 승리는 아르헨티나이며, 1960년대 말에 브라질 팀들의 참가 거부가 발생한 적도 있었지만 이미 브라질 팀들 중 8개 팀이 총 13번의 우승을 차지했었다. 상파울루 팀이 세 번 우승(1992, 1993, 2005)으로 기록을 보유 중이고 산투스(1962, 1963), 그레미오(1983, 1995), 크루제이루 팀(1976, 1997)이 두 번 우승을 기록, 플라멩고(1981), 바스코(1998), 팔메이라스(1999), 인터니시오날(2006)이 각각 우승을 한 번씩 차지한 적이 있다. 리베르타도리스컵 우승팀은 남미컵 챔피언 우승팀과 남미컵재결승전(Recopa Sul-Americana)을 치를 수 있는 기회가 주어진다.

5) 남미컵(A Copa Sul-Americana)

남미컵 대회는 남미에서 두 번째로 큰 토너먼트로서 이 대회
는 2002년 남미축구연맹컵(Copa Conmebol: 1992-1999), 메르쿠
술컵, 메르코노르치컵(Copas Mercosul e Merconorte: 1998-2001)
을 대신하기 위해 조직되었다. 남미컵은 항상 매년 하반기에 시
작되며 브라질레이라웅컵 챔피언을 포함한 여덟 팀의 출전권이
브라질에 주어진다. 그러나 브라질 팀은 이 대회에서 Sport Club
Internacional이 2008년에 단 한번 우승을 차지했을 뿐이다. 2009
년에는 플라멩고팀이 준우승을 차지했다. 남미컵의 승자는 리
베르타도리스컵 승자와 두 경기로 승자를 가리는 남미컵재결승
전(Recopa Sul-Americana) 결승전 출전 티켓을 보장받는다.

남미컵 역대 전적(2001-2009)

연도	우승팀	준우승팀
2002	San Lorenzo(아르헨티나)	Atlético Nacional(콜롬비아)
2003	Cienciano(페루)	River Plate(아르헨티나)
2004	Boca Juniors(아르헨티나)	Bolivar(볼리비아)
2005	Boca Juniors(아르헨티나)	Pumas(멕시코)
2006	Pachuca(멕시코)	Colo-Colo(칠레)
2007	Arsenal(아르헨티나)	América(멕시코)
2008	Internacional(브라질)	Estudiantes(아르헨티나)
2009	LDU(에콰도르)	Fluminense(브라질)

6) 아메리카컵(Copa América)

아메리카컵은 남미축구연맹(Conmebol)이 조직하며 1916년 '남아메리카 챔피언컵'으로 시작한 이래 국가 간 대항전으로 세계에서 가장 오래된 대회이다. 아르헨티나와 우루과이가 각각 우승 14회를 기록하고 있으며 1975년 아메리카컵으로 이름이 바뀌고 4년에 한 번 대회가 개최되었다. 1987년에서 2001년까지는 2년에 한 번 대회가 열렸고 현재는 4년에 한 번 대회가 열리고 있다.

연간 주요 대회일정

1월	2월	3월	4월	5월	6월	7월	8월	9월	10월	11월	12월
주별 리그(Campeonato Estadual)											
							브라질리그 (Campeonato Brasileiro)				
	브라질컵 (Copa do Brasil)										
	리베르타도리스컵 (Copa Libertadores)										
					북동부리그 (Campeonato do Nordeste)						
							남미컵 (A Copa Sul-Americanas)				

출처: http://pt.wikipedia.org/wiki/Futebol_do_Brasil

축구, 브라질의 특급 수출품

21세기 초반 이래 브라질은 전 세계에서 가장 큰 프로 축구선수 수출국의 위상을 다졌다. 최근 몇 년간 선수 수출로 가져온 매출효과는 4억 4천만 달러에 달하며, 바나나·사과·포도와 같은 전통적인 농산물의 수출량을 넘어서는 기세까지 보이면서 브라질의 전체 수출항목 중 가장 중요한 영역을 차지하고 있다. 1993년에 처음으로 중앙은행이 축구선수 트레이딩으로 발생하는 매출 등록을 의무화한 이래, 현재 그 규모는 20억 달러를 넘어서고 있다. 지역별로 볼 때, 브라질 선수들의 최대 수요처는 다름 아닌 언어소통에 문제가 없는 포르투갈이다. 2008년에는 총 209명의 선수가 포르투갈로 이적되었다. 포르투갈을 비롯해서 유럽시장 역시 브라질 선수 영입의 최대의 수입지이다. 2008년 브라질을 떠난 1,776명의 선수 중 762명이 유럽시장으로 이적되었다. 두 번째 큰 시장은 바로 아시아 시장인데 동년에 222명의 선수가 유입되었다. 오늘날 브라질 선수들의 해외 이적은 피파 회장 조셉 브래스터가 빗대어 남긴 말처럼 이미 세계축구계에 일반화되어 있다: "이제 전 세계 국가대표팀 경기는 브라질 선수들로만 채워질지도 모른다."

해외시장에서 고액으로 평가받는 선수 몸값에 대해 브라질 국내사정은 그만큼 평가받지 못하고 있다. 매출액의 크기는 협상대상에 든 선수들의 어마어마한 숫자에 따른 착시현상일 뿐이라고 브라질 현지에서 평가하고 있다. 실제로 오늘날 브라질 축구클럽은 몇몇 선수들만이 선수 판매에서 높은 수익을 보장받고 있을 뿐이다. 대부분의 브라질 프로축구선수들은 생각보다 더 형편없는 수입에 의지하여 살아간다. 1부 리그의 최고 선수 정도가 돼야 유럽선수 수준의 연봉을 보장받을 수 있다고 한다. 필자가 브라질 유학시절 거주했던 도시(Campinas)에 서로 라이벌(Dubby) 관계에 있는 1부 리그에 속한 구단이 두 개가 있었다. 스쳐가는 인연을 계기로 그 두 구단 중 팀 성적보다는 유소년 육성에 더 명성이 높은 Guarani(과라니)구단에 출입을 자유롭게 할 수 있는 혜택을 볼 수 있었는데, 선수기숙사, 식당에서부터 훈련장까지 출입이 자유로워 일상적인 브라질 프로축구 구단의 움직임을 관찰할 수 있는 좋은 기회였다. 구단이 운영하는 선수 등급은 유소년, 주니어, 프로(1부, 2부) 이렇게 세 가지였는데, 1부 리그팀 소속 프로선수들조차 월급이 밀리는 경우가 흔해 투덜대는 선수들의 불평 소리를 쉽게 들을 수 있었다.

축구역사상 가장 큰 규모의 이적 기록을 볼 때 상위 랭크 10위 안에서 브라질 국내리그에서 성사된 이적 건수는 역사상 한 건도 없다는 사실이 이를 반증한다. 해외에서 저평가된 브라질 선수의 가장 극명한 예는 카카(Kaka)의 경우를 들 수 있다. 2007년 FIFA가 선정한 최우수선수였고, 이적 당시 가장 뛰어난 기량을 인정받고 있던 카카가 자국의 상파울루 팀을 떠나 인터밀란으로 이적할 당시 이적료가 825만 달러에 불과했다고 한다. 인터밀란 클럽회장 실비오 베를루스코니가 "카카를 바나나 값 정도에 데려온 게 밀란 팀 역사상 최고의 계약이었다"라고 자평했을 정도였다.

이런 이유를 바탕으로 앞서 얘기했듯이, 브라질 유망주 선수들의 무분별한 유럽진출과 부당한 계약조건을 막기 위한 법이 브라질에서 제정되었다. 법률 제9,615/98조, 해당 법률 입안자의 이름을 딴 '펠레법'이란 이름으로 더 잘 알려져 있다. 이 법은 구단보다 선수의 권익을 보장하기 위해 제정되어 2001년 3월 26일부터 실효되었다. 이 법에 따르면, 18세 미만 유망주들은 포르투갈을 제외한 해외 이적이 불가능하다. 그리고 프로축구선수 자유계약 기간을 10년에서 5년으로 줄여 선수에 대한 구단의 노예계약 가능성을 차단했다.

브라질 축구선수들의 해외진출 러시에 대해서는 국내 리그에 대한 관심 저하를 우려하는 목소리와 함께, 클럽들이 선수를 이용해 장사에 나서고 있다는 지적도 제기되고 있다. 룰라 전(前) 대통령조차도 "브라질 축구선수들이 너무 일찍 외국 프로팀으로 진출하는 경우가 늘고 있다"면서 나이 어린 선수들의 해외이적 증가와 국내 리그 위축에 대한 우려를 나타냈다. 이에 브라질 정부는 2008년 말 어린 선수들의 무분별한 해외진출을 제한하는 새로운 법안을 마련했다. 이른바 '펠레법'을 대체하게 될 새 법안은 클럽과 프로선수 계약을 체결할 수 있는 연령을 14세 이상에서 16세 이상으로 높였다.

그러나 이런 조치 때문에 브라질 축구선수들의 해외진출이 줄어들 것으로 보이지는 않지만 브라질 안에서는 우려의 목소리가 크다. 유망주들이 어린 나이에 유럽시장으로 진출하게 되

면서 개인역량에 의존하기 보다는 전술과 수비에 치중하며 조
직력을 강조하는 유럽식 축구에 익숙해지면서 브라질만의 전통
적인 축구 스타일 자체에 변화를 가져올 수 있다는 것이다. 여
기서 브라질만의 축구스타일 특성에 대해 개인기와 조직력을
대조해서 바라볼 필요가 있다. 보통 유럽식 축구가 개인기보다
조직력을 내세운다면 브라질을 위시한 중남미축구는 개인의 역
량을 앞세우는 개인기가 높은 팀으로 유명하다. 이러한 측면에
는 항상 역사적인 배경이 존재한다. 현재도 브라질은 건국 이래
빈부격차가 세계에서 손꼽히는 나라이다. 이처럼 건국시기부터
나눠져 지속된 빈부격차가 큰 나라에서는 신분 상승의 기회가
사회적으로 필요하다. 이러한 신분 급상승의 기회는 아이러니
하게도 사회안전망 역할도 하게 된다. 의심할 여지없이 브라질
에서 축구는 정치, 경제, 사회적으로 소외되어 있던 계층(특히,
저소득 흑인 및 혼혈)에 훌륭한 신분상승의 기회가 된다. 브라
질에서 최하층민을 맡았던 흑인노예에 대한 해방은 1888년에
공식적으로 이루어졌다. 오랜 기간 지배계층이던 백인이 모든
것을 지배하는 사회에서 유색인종들이 백인과 동등한 권력과
부 그리고 명예를 누릴 수 있는 기회의 확률은 아주 낮은 편이
라 볼 수 있다. 그린 상황에서 국가적 관심이 집약되고 국민적
추앙을 받기 시작한 축구에서 남보다 돋보이는 경기력을 보인
다는 사실은 바로 신분상승과 직결된다. 그렇기 때문에 브라질
을 위시하여 인종 간, 계층 간 빈부의 격차가 심한 중남미 국가
의 축구는 필연적으로 조직력보다도 개인기로 흐를 수밖에 없

을 것이라는 사실을 어렵지 않게 유추할 수 있다.

연도별 해외진출 선수규모

연도	해외진출 선수 수	계약금액 (단위: 백만 달러)
1985	136	-
1986	136	-
1987	136	-
1988	136	-
1989	136	-
1990	136	-
1991	136	-
1992	205	-
1993*	322	9.3
1994	207	14.2
1995	254	14.5
1996	381	38.1
1997	553	109.8
1998	530	81.8
1999	658	93.6
2000	-	129.8
2001	-	126.9
2002	665	66.6
2003	858	72.8
2004	857	102.1
2005	804	159.2
2006	851	131
2007	1085	222.6

출처: http://pt.wikipedia.org/wiki/Futebol_do_Brasil
* 1993년부터 브라질 중앙은행이 해외선수계약 이적료를 집계하기 시작함.
** - 는 통계자료 미비임.

축구는 남자들만의 전유물?

수입된 이래 축구는 브라질 남성의 전유물, 그것도 백인과 엘리트층만이 즐기던 스포츠였다. 1920년 이후부터 유색인종에게도 선수등록이 허용되었지만 신국가(Estado Novo) 체제 아래였던 1941년부터 브라질정부는 여성의 축구 활동자체를 금지시켰고 이 조치는 1975년까지 지속되었다. 오늘날 여성의 축구활동에 아무런 법적제재가 없지만 아직도 축구는 남성의 전유물이라는 선입견이 강한 상황에 굴하지 않고 여성들의 축구계 진출은 점점 그 폭을 넓혀가고 있다. 브라질 스포츠 전도(Atlas do Esporte no Brasil)에 따르면, 이미 여성선수의 숫자가 브라질 전국에 걸쳐 40만 명에 달한다고 한다. 그러나 엄밀히 말해서 이 중에서 3만 6천 명 정도만이 정규선수이고 이 중에서 4천 명은 협회등록선수에 해당되며 나머지는 아마추어팀 소속 선수로 분류할 수 있다.

이처럼 사실상 브라질에서 현재 여성축구는 국가대표팀만이 유일한 실체라고 볼 수 있다. 브라질 여자축구대표팀은 남자대표팀의 명성에 걸맞게 남미에서뿐만 아니라 세계무대에서 강팀으로 거동하고 있다. 남자대표팀보다 훨씬 열악한 환경을 지녔음에도 불구하고 항상 FIFA 랭킹에서 선두자리를 지키고 있지만 아직 전 세계 규모의 선수권대회에서 우승은 달성하지 못했다. 2007년 판아메리카대회에서 우승을 한 기세를 업고 동년에 개최된 여자월드컵에서 브라질 팀은 유력한 우승후보로 꼽혔었고, 그 기대에 부응해서 결승전까지 올랐지만 아쉽게도 독일에 분패하여 준우승에 그치고 말았다. 브라질여자대표팀이 거둔 최고의 성적은 2003년 도미니카공화국과 2007년 리우데자네이루에서 열린 판아메리카대회 우승이다. 특히, 판아메리카 경기에서 2003년에 이어 우승을 차지한 2007년에는 33골을 기록하면서 무실점을 기록한 경이로운 경기를 선보였다. 이 당시 10번 등판을 단 마르타(Marta)가 단독으로 12골을 기록한 바 있다. 그 외의 대표적인 성적은 2004년 그리스 아테네에서 열린 올림픽 경기에서 은메달 획득과 2007년 월드컵 준우승을 꼽을 수 있다.

이처럼 여자대표선수팀의 전력만 보면 화려해 보이지만 실상 브라질 국내에서 여자축구의 환경은 열악하다. 상시적으로 여성팀을 유지하는 구단도, 후원기업도, 카테고리별 대회도, 정규리그도 존재하지 않는다. 대부분의 팀도 주별로 간신히 명맥을 유지하거나 아마추어팀인 실정이다. 그나마 브라질 축구협회가 매긴 순위에 따라 선정된 32개 팀이 예선 탈락방식을 통해 운영되는 '여성축구 브라질컵(Copa do Brasil de Futebol Feminino)'이 2010년에 4년차를 맞이했다. 그런 상황 아래에서 현재 상투스(여자축구)구단이 미주대륙 전체를 통해 마르타(Marta)와 크리스치아니(Cristiane)와 같이 세계적으로 기량이 우수한 여성축구 전력을 보유하고 있다.

브라질에서 축구가 지니는 사회·문화적 의미

우리가 흔히 브라질 축구하면 가장 먼저 떠오르는 이미지는 대중이 즐기는 프로 스포츠로서 토너먼트, 구단, 대표선수, 유명 선수들 등등이다. 그러나 이런 것들은 사실 브라질 축구가 지니고 있는 여러 가지 면 가운데 있는 단면에 불과하다. 사실 가장 근본적인 것은 축구를 통해 움직이는 자본의 크기이다. FIFA가 2001년에 제툴리오 바르가스(FGV)재단에 보낸 자료에 따르면, 브라질에서 매년 160억 달러가 축구를 통해 이동되는데 그 총액에서 4억 4,400만 달러만이 선수 이적료에 해당된다고 한다.

만약 축구연맹에 등록된 직업축구선수가 2만 명이 좀 넘는다면 아마추어 선수들은 3천만 명 정도로 추산되며, 1만 4천 개 정도의 아마추어 팀이 형성되어 있다고 추정하고 있다. 사실 브라질에서는 조금만 눈을 옆으로 돌려봐도 맨땅에 분필로 선을 그어 경기장을 만들든지 아니면 다른 아이디어를 동원하든지 간에 축구를 즐기는 모습들이 눈에 어렵지 않게 들어온다. 엘리트 스포츠로 유입되었던 축구가 브라질에서 대중화를 이루게 된 것은 아이러니하게도 축구를 할 수 있는 클럽과 명문학교에 다닐 수 없었던 빈민계층들이 어린 시절부터 길이나 들판, 해변 같은 변화무쌍한 환경에서 나무, 소, 파도, 바람 등을 피하면서 공을 몰다가 체득하게 된 개인 기술에서 그 기원을 찾을 수 있다. 이런 맥락에서 브라질 축구의 특색은 다양성과 어려운 장애물들을 비켜가면서 익힌 개인기, '징가', 즉 개인의 역량에 있다고 평가할 수 있다. 이는 브라질에 산재한 사회적인 문제들을 '조구 지 신투라(jogo de cintura)'나 '제이칭뉴(jeitinho)' 등을 통해 개인들이 각자 해결해 가려는 태도와 무관하지 않다.

아마존 인디오들의 월드컵

브라질의 원 주인이면서 현재 가장 소수민족이 되어버린 브라질 인디오들도 1996년 이후부터 연방정부의 스포츠부가 후원하여 매년 개최되는 '인디오올림픽'에 참가하고 있다. 이 대회는 브라질 전국 60개가 넘는 서로 다른 종족들을 한자리에 모으는 구실도 해 준다. 인디오 올림픽에서 역시 남녀를 불문하고 인기가 가장 높은 종목이 바로 축구이다. 북부지역 호라이마(Roraima)에서는 1997년부터 호라이마 주에 거주하는 인디오공동체 축구대회가 열리고 있으며 100개 남짓한 부족 대표팀들이 참가하고 있다. 아직 인디오 축구가 부족 간 대항경기에 그치고 있고 백인들의 구단에 프로선수로 활약하기에 현실적인 제약이 산재되어 있다고 볼 수 있다. 그러나 2010년 파라나 주 2부 리그에서 가비아웅 키카테제(Gavião Kykatejê) 축구팀(2009년까지 카스타네이라(Castanheira)로 불렸으며 지역 아마추어 리그에 출전한 팀)이 사람들을 놀라게 만들었다. 이 팀의 선수 구성이 바로 세 사람을 제외하고 전원 인디오 출신이었던 것이다.

마을이나 강가에서 인디오들이 하는 동네 축구에 반해, 대도

시에서는 각 팀에서 7명의 선수가 뛰는 '7:7 축구'(futebol 7)[7]라
는 축구모임이 생겨났고, 그 구성원들은 주로 도시임금노동자,
자유직업인, 학생, 소규모 사업가와 같은 이종적인 중산층 계급
들이 대부분이다. ⚽

참고문헌

· Almanague Abril 2010
· http://pt.wikipedia.org/wiki/futebol-brasileiro
· www.ibest11.com
· www.jornaloesportivo.com.br
· 남미로닷컴
· 2009년 11 · 12월 이머징인베스터

---

7) 소셜축구(futebol society), 스위스식 축구(futebol suiço)라고도 불림.

엘도라도 축구의 추억

차경미

추락하는 것은 날개가 있다

콜롬비아 축구는 더 멀리 날기 위해 연습 중이다. FIFA랭킹 4
위에서 23위로 추락했지만 격정에 가까운 화려한 경기연출과 선
수들의 본능적인 골 감각은 '아트'라고 불리며 세계 축구팬들을
열광시켰다. 콜롬비아 축구는 예상치 못한 기대 밖의 결과를 선
보이며 관중에 희열을 선사한다. 한때 남미축구의 황금기를 주
도하며 세계적인 스타들이 머물렀던 과거는 이제 다시 힘차게
날 수 있는 힘이 되고 있다. 추락하는 것은 날개가 있지 않은가?

콜롬비아는 스페인으로부터 독립한 라틴아메리카로 막대한
영국 자본이 유입되었다. 영국은 라틴아메리카를 식민기지로
구축하며 영향력을 확대해 나갔다. 그리고 여가놀이로 축구를
보급하기 시작했다. 초기 중산층의 전유물이었던 축구는 1930
년대 들어 대중 스포츠로 확산되어 라틴아메리카인들의 중요한
일상이 되었다. 그러나 영국인들이 축구를 보급하기 이전부터

마야, 아스텍, 잉카 그리고 칩차 문명을 발전시킨 원주민들은 이미 공놀이를 즐겼다. 이들은 고무나무에서 추출한 진액으로 굴러다닐 수 있게 둥근 모형을 만들어 놀이에 사용했다. 공놀이는 단순한 여가로서가 아니라 인간과 신의 한판 승부였다. 인간과 신이 교감하는 통로였으며 죽음이 동반된 전투였다. 패배는 굴욕이 아닌 신에게 자신의 생명을 바치는 영광이기도 했다. 영국을 통해 현대 축구가 발전되어 원주민들의 전통적인 공놀이는 사람들의 먼 기억 속으로 사라져 갔다.

굴러다니는 것이면 뭐든지 상관없이 함께 모여 즐기던 콜롬비아인들은 1938년 2월 10일 파나마시티에서 개최된 제4차 '중미-카리브해 경기'를 통해 조직력을 갖춘 팀으로 세상에 모습을 드러냈다. 당시 대표팀으로 출전한 '데포르티보 무니시팔' 팀은 현재 콜롬비아 최고의 프로팀인 '밀리오나리오스'의 전신이다. 아르헨티나 출신의 페르난도 파테르노스를 사령탑으로 조직된 팀은 첫 출전에 동메달을 획득했다. 대표팀은 이후 별다른 성과를 얻지 못했지만 1945년 '코파 아메리카나'와 이듬해 바랑키아에서 개최된 제5차 '중미-카리브해 경기'를 우승으로 이끌며 미래의 가능성을 확인시켜주었다.

콜롬비아 대표팀은 1958년부터 월드컵 예선에 출전했다. 그리고 1962년 남미예선을 통과하여 월드컵 첫 진출에 성공했다. 콜롬비아는 칠레 월드컵에서 강팀이 때론 약한 팀에게 무너지고, 약한 팀이 때론 강팀을 무너뜨릴 수 있음을 보여주었다. 1무 2패로 월드컵 첫 관문을 통과하지 못했지만 소련과의 4-4 동점

경기는 칠레 월드컵에서 가장 경이적인 경기로 기록되고 있다.

1980년대와 1990년대 초 프란시스코 마투라나 감독 아래 세계적인 선수들이 배출되었다. 카를로스 발데라마, 레네 이기타, 프레드리 링콘 그리고 파우스티노 아스프리야와 같은 당대 선수들의 등장을 계기로 콜롬비아 축구는 날개를 펴기 시작했다. 1987년과 1993년 남미 최고의 선수로 발데라마가 선출되었다. 남미지역에서도 콜롬비아 선수가 최고라는 것을 인정한 것이다. 그러나 1980년대 국내 정치와 경제상황의 악화로 국내 리그에서 활약하던 선수들은 유럽 곳곳으로 흩어졌다.

1990년 이탈리아 월드컵은 콜롬비아 축구의 자존심을 지켜준 경기였다. 당시 강력한 우승 후보였던 독일과 1-1 동점골로 16강에 진출하여 축구팬들의 찬사를 한 몸에 받았다. 비록 아프리카의 맹호 카메룬에게 연장 접전 끝에 2-1로 패했지만 세계가 콜롬비아 축구를 인식하는 계기가 되었다. 콜롬비아 선수들은 경기 결과와는 상관없이 독특한 스타일로 세계인의 주목을 받았다. 콜롬비아가 가장 멀리 날았던 경기는 1994년 월드컵대회였다. 펠레의 최악의 저주로 기억될 만한 경기이기도 했다. 남미 예선 최종전에서 아르헨티나를 꺾고 5-0으로 승리하자 펠레는 월드컵의 강력한 우승후보로 콜롬비아를 지목했다. 콜롬비아 팀은 4승2무로 조 1위를 기록하여 월드컵 본선에 진출했다. 파라과이와의 경기에서 2무의 기록을 제외한다면 전승이었다. 미국 월드컵의 돌풍이었다. 그러나 루마니아와의 본선경기에서 1-3으로 패하고 말았다. 게다가 미국과의 경기에서는 자책골로 결승 진출마저 좌절되었다. 자책골을 넣은 선수는 그 대가로 목숨마저 잃었다. 이후 콜롬비아 축구는 추락하기 시작했다. 1998년을 마지막으로 월드컵 무대에서 콜롬비아 팀의 모습은 자취를 감췄다. 첫 경기에서 루마니아에게 일격을 당하고 이후 튀니지를 제압했지만, 영국의 벽을 허물지 못했다. 2002년 한일 월드컵과 2006년 독일 월드컵 예선에서는 모두 6위에 머물렀다. 2010년 남아공 월드컵 예선에서도 브라질에 패하여 콜롬비아 축구는 월드컵으로부터 멀어져갔다. 하지만 한때 '남미 최고의 축구'로 통하던 콜롬비아 축구가 그저 과거의 영광 속에 잠자고 있는 것만은 아니다. 접힌 날개를 활짝 펴고 더 멀리 비상하기 위한 콜롬비아 축구의 노력은 지금도 계속되고 있다.

출처: Ariana Basciani Fernández

축구의 엘도라도

　콜롬비아 축구는 '남미 최고'였으며 그들만의 리그는 '세계 리그'이기도 했다. 한때 콜롬비아 팀은 축구의 '엘도라도'라 불리며 남미축구의 새로운 역사를 만들어냈다. '엘도라도'는 '황금향'을 뜻하는 말로 '황금이 지천으로 널린 곳'을 말한다. 옛날 아랍에서는 에덴동산과 다른 동방의 낙원을 '황금향'이라고 불렀다. 엘도라도는 에덴동산인 것이다. 수많은 탐험가들이 황홀한 황금 낙원을 꿈꿨다. 낙원을 찾아 떠난 여행은 좌절의 연속이었지만 끝내 포기할 수 없었던 미래였다. 에덴의 미래를 꿈꾸며 수많은 선수들이 머물었던 곳이 바로 콜롬비아 축구다.

　1948년 6월 국내 프로축구 리그를 조직하기 위해 콜롬비아 프로축구협회 디마요르(DIMAYOR)가 탄생했다. 디마요르를 통해 콜롬비아 국내 프로리그가 체계화되었다. 콜롬비아축구는 1부 리그와 2부 리그로 구성되어 있다. 1부 리그에는 '프리메라 아(Primera A)' 그리고 2부 리그에는 '프리메라 베(Primera B)'와

출처: 콜롬비아 축구협회
　(http://colfutbol.org/index.php?option=com_content&view=article&id=135&Itemid=2)

'코파 콜롬비아(Copa Colombia)' 두 카테고리로 나뉘어 있다. 리그 창단 첫 경기의 우승은 보고타를 연고지로 활동하는 '산타 훼'가 차지했다.

디마요르는 지역의 훌륭한 선수들의 영입을 위해 막대한 돈을 투자했다. 근대 축구의 시조로 불리는 아르헨티나 출신의 알프레도 디 스테파노와 아돌포 페데르네라와 같은 스타들이 콜롬비아 프로축구팀에 입단했다. 당시 아르헨티나, 브라질, 우루과이, 파라과이 등 남미 클럽축구는 파업 상태였다. 각국의 클럽축구는 해체위기에 직면했고 선수들은 탈출구를 찾았다. 콜롬비아 프로축구는 비상구였다. '밀리오나리오스'의 초대 회장 알폰소 세뇨르는 남미 스타급 선수들을 대거 영입하여 팀을 최고의 프로팀으로 성장시켰다. 많은 선수들이 콜롬비아로 몰려들었고 칼리, 메데진, 페레이라와 같은 지역으로 흩어져 프로축구팀에 입단했다. 아르헨티나를 비롯한 남미 선수들은 말할 것도 없거니와 헝가리와 유고슬로바키아, 영국, 스페인 및 이태리의 유럽선수들도 콜롬비아의 프로리그를 촘촘히 수놓았다. 다국적 프로팀이 구성된 것이다. 콜롬비아 리그는 세계리그였고 국내경기는 국제경기와 다름없었다. 1948년부터 1953년까지 축구의 새로운 역사는 콜롬비아에 의해 만들어졌다.

1953년 알프레도 디 스테파노가 유럽 팀으로 이적하자 선수들의 유럽행은 지속되었다. 그는 스페인 '레알 마드리드' 팀에 5년 연속 챔피언스컵 우승을 안겨준 전설적인 인물이다. 종합적이고 강한 압박 그리고 스피드를 특징으로 하는 현대 축구는 출전 선수 전원이 경기의 승패를 좌우하지만, 20년 전만 해도 한 선수가 한 팀의 승리를 좌우했다. 알프레도 디 스테파노의 천재적인 재능이 '레알 마드리드'를 최고의 팀으로 만든 것이다.

당시 '밀리오나리오스' 선수들은 유럽 초대전에서 스페인의 '바르셀로나'와 '레알 마드리드' 팀을 상대로 6년 연속 승리를 차지하여 세계 최고의 클럽 팀임을 인정받았다. 당시 아메리카 대륙에 클럽경기가 있었다면 아마도 '밀리오나리오스'는 대륙 최고의 축구팀으로 기억되었을 것이다. 남미 클럽축구의 모델은 콜롬비아 축구였다. 남미지역 축구협회 관계자들은 콜롬비아 축구팀의 기량을 적용하여 자국선수를 훈련했다. 한때 콜롬비아 축구는 세계로 통하는 지름길이었다.

최고의 11인 그들의 축제

콜롬비아의 축구는 변덕스럽고 예측이 불가능하다. 우승을 점치면 실망스러운 결과가 나오고 패배다 싶으면 기대 밖의 성과로 놀라움을 신사한다. 축구 관중의 뇌를 분석한 결과 쾌락을 관장히는 뇌기능은 승리한 팀이 평소에 응원하던 팀인가의 여부와 상관없이 예상치 못한 기대 밖의 결과에 활성화된다고 한다. 축구는 음식이나 마약과는 질적으로 다른 쾌락을 우리에게 준다. 콜롬비아 축구는 인간의 쾌락 두뇌 기능을 가장 많이 가동시킨 축구가 아닐까 생각한다.

콜롬비아는 1962년 칠레에서 개최된 월드컵에 처음으로 진출했다. 대표팀은 당시 유럽 최강을 겨루던 소련, 유고슬라비아와 같은 조에 배치되었다. 그리고 남미 예선 1위를 차지한 우루과이와 같은 1조에 속했다. 첫 경기에서 콜롬비아는 우루과이에게 1-2로 무너져 패색이 물들었다. 그러나 곧이어 이변을 낳았다. 소련과의 경기에서 중반까지 1-4로 몰리던 콜롬비아는 마침내 세계 최고의 골키퍼 레프 야신을 상대로 3골을 득점했다. 콜롬비아는 후반 23분 마르코스 콜의 골을 시작으로 10분 동안 불가능에 가까운 3골을 넣으며 4-4 동점을 만든 것이다. 칠레 월드컵 경기 중 최고의 경기로 기록되었다.

1980년대 말 프란시스코 마투라나 감독이 대표팀에 영입되었다. 이를 계기로 선수들의 뛰어난 개인기에 현란하고 숨 막히는 스타일이 콜롬비아 축구의 특징으로 자리 잡는다. 그라운드를 누비는 선수의 몸짓은 살사 춤을 추는 듯 현란했다. 때론 먹이를 물고 질주하는 늑대처럼 상대의 숨을 조이는 냉혹함을 보였다. 격정적인 몸짓으로 때론 잔인한 늑대처럼 관중을 압도하는 콜롬비아 축구에 세계는 환호했다.

1990년 이탈리아 월드컵 예선전에서는 콜롬비아가 이스라엘을 상대로 승리했다. 그리고 본선에 진출하여 1승 1무 1패로 조 3위를 기록했다. 아랍에미리트에 패한 콜롬비아에게 남은 상대는 세계 최강 독일이었다. 16강 진출은 희망적이지 않았다. 경기 종료를 바로 앞 둔 상황에서 콜롬비아는 예상 밖의 결과를 선사했다. 발데라마가 프레디 링콘에게 건네준 공간 패스가 골로 연결되어 역사적인 1-1 동점을 기록했다. 아쉽게도 카메룬과의 연장 접전 끝에 2-1로 패하여 16강 진출은 좌절되었지만, 독일과의 경기는 콜롬비아 축구의 기량을 유감없이 보여준 경기였다. 루마니아와의 경기는 그라운드에 오직 아스프리야의 본능적 골 감각, 골키퍼 이기타의 상상을 뛰어넘는 즉흥적인 득점 골 그리고 발데라마의 완벽한 수비만이 존재하는 듯했다. 최고의 기량을 가진 선수들. 그러나 결과는 11인 그들 만의 축제로 끝나곤 했다.

1993년 아르헨티나에서 개최된 월드컵 예선전은 콜롬비아의 팀 운영이 돋보인 경기였다. 아르헨티나를 상대로 5-0을 득점하여 1994년 미국 월드컵 출전 팀 중 최강이라는 기대감을 심어주었다. 조별로 진행된 남미예선에서 아르헨티나, 파라과이, 페루와 함께 A조에 배치된 콜롬비아는 4승 2무로 조 1위를 기록했다. 파라과이와의 2무를 빼면 전승의 기록이다. 브라질의 펠레가 월드컵 우승후보로 콜롬비아를 예상한 것도 무리는 아니었다.

그러나 예상과는 달리 콜롬비아는 월드컵 본선 첫 경기에서 루마니아에게 1-3의 충격적인 패배에 이어 미국에게 어이없는 자책골로 무너졌다. 스위스를 2-0으로 격파했지만 결국 조 최하위를 기록했다. 세계 최강이라는 선수들의 자만심은 결국 펠레의 저주로 돌아왔다. 월드컵 결승 진출을 위해 마투라나 감독이 고안해낸 '토케스'라는 연속적인 짧은 패스는 선보일 기회조차 얻지 못했다. 1998년 월드컵에서 또다시 좌절을 맛본 콜롬비아 축구는 기억 저편에 머물러 있다.

2001년 콜롬비아 축구의 침묵은 깨지기 시작했다. 자국에서 개최된 '코파 아메리카' 경기에서 같은 조에 속한 베네수엘라, 에콰도르 그리고 칠레를 각각 2-0, 1-0, 2-0의 완승으로 이끌며 8 강에 올랐다. 그리고 페루를 3-0으로 승리하여 4강에 진출했다. 마침내 결승전에서 주장 이반 코르도바가 후반에 골을 성공시켜 감격의 우승컵을 안았다. 월드컵의 교훈이 새로운 도약을 위한 밑거름이 되었다. 6전 전승에 11득점 그리고 무실점의 완벽한 경기였다. 이러한 여세를 몰아 2004년과 2005년 '코파 아메리카' 경기에서 각각 우루과이를 5-0, 페루를 5-0으로 격파했다. 콜롬비아 팀은 언제든 다시 비상할 수 있는 날개가 있음을 기억하게 했다.

콜롬비아 축구리그 '프로페시오날 콜롬비아노'

'프로페시오날 콜롬비아노'로 불리는 콜롬비아 리그는 1948년 프로팀 창단을 계기로 시작되었다. 현재 18개 프로팀이 1부 리그에 속해 있다. 2002년부터는 전기, 후기로 나누어 챔피언을 2팀으로 정한다. 창단 이듬해 프로팀이 12개로 늘면서 비약적인 발전을 거듭했다. 1993년 2개 프로팀이 창단되었고, 1996년 다시 2개 팀이 추가되어 16개 팀으로 확대되었다. 한때 경제위기로 팀이 축소되었다가 2003년 다시 증가하여 현재 18개 프로팀이 운영되고 있다.

프로리그는 1부와 2부로 나뉘어 운영된다. 1부에는 '프리메라

출처: Nelson Eduardo Guzmán

아’ 그리고 2부에는 ‘프리메라 베’와 ‘코파 콜롬비아’ 두 카테고리로 분류된다. 1부 리그는 후원자인 음료회사 ‘포스트본’의 명칭을 사용하여 ‘포스토본리그’로 알려져 있다. 2부 리그는 ‘포스트본 토너먼트’라고로 불린다. ‘코파 콜롬비아’는 2부 리그뿐만 아니라 1부 리그에도 출전할 수 있는 교환전 형태로 운영된다. 3부 리그는 아마추어 축구팀에 의해 운영되며 모두 20개 팀이 출전한다.

콜롬비아축구 연맹 콜풋볼(Colfútbol)은 국내 모든 리그 운영 및 조정 그리고 국가대표팀 선발 책임을 맡고 있다. 프로와 아마추어를 막론하고 축구협회에 등록된 모든 팀이 토너먼트 방식으로 국내 최강 팀을 가리는 경기도 개최한다. 이 경기에서 리그의 하위 팀이 상위 리그팀을 꺾거나 아마추어팀이 프로팀을 이기는 이변이 등장하기도 한다. 1부 리그는 1948년 창단 이후 61회 경기를 개최했다. 첫 경기에서 보고타의 '산타 훼' 팀이 우승을 차지했고 최근 2010년 상반기 경기에서는 바랑키아를 연고로 활동하는 '주니어'팀이 승리했다. 콜롬비아 프로축구의 양대 산맥인 보고타의 '밀리오나리오스' 팀과 칼리의 '아메리카' 팀은 13회 우승을 차지했다. 1부 리그 '프리메라 아'는 FIFA 공식 랭킹 상위 리그 27위에 속한다.

콜롬비아 프로축구팀 우승전적
13회 - 밀리오나리오스(보고타)
13회 - 아메리카 데 칼리(칼리)
10회 - 아틀레티코 나시오날(메데진)
 8회 - 데포르티보 칼리(칼리),
 6회 - 인디펜디엔테 산타페(보고타)
 6회 - 아틀레티코 주니오르(바랑키아)
 4회 - 인디펜디엔테 메데진(메데진)
 2회 - 온세 칼다스(칼다스)
 1회 - 데포르테스 톨리마(톨리마)
        데포르테스 킨디오(킨디오)
        쿠쿠타 데포르티보(쿠쿠타)
        데포르티보 파스토(파스토)
        우니온 막달레나(바랑키아)

사자머리 캡틴 발데라마

수사자를 연상케 하는 노란색 파마머리와 뛰어난 발동작으로 전 세계 축구팬을 사로잡아온 콜롬비아 축구영웅 카를로스 발데라마의 동상이 세워졌다. 2002년 11월 25일 1만 4천여 명이 참석한 가운데 그의 고향 산타 마르타에서 동상제막식이 거행되었다. 사람들은 1961년 9월 2일생인 발데라마를 '피페'라고 부른다. 콜롬비아인에게 그는 영원히 자라지 않는 소년인 것이다.

산타 마르타는 콜롬비아의 북부 카리브 해와 네바다 산맥에 위치한 막달레나 주의 수도이다. 1525년 7월 29일 스페인 정복자 로드리고데 바티다스가 건설했다. 베네수엘라의 쿠마나에 이어 남미에 건설된 두 번째 도시다. 콜롬비아 최초의 도시이기도 하다. 18세기 안토니오 훌리안 신부가 짙푸른 해변과 백사장에 매료되어 아메리카의 진주라는 감탄사를 쏟아냈듯 빙하부터 열대기후까지 신이 인간에게 선사할 수 있는 모든 자연의 모습이 살아있는 곳이다. 남미 독립의 영웅 시몬 볼리바르도 이곳에서 잠들었다.

발데라마의 동상은 이 지역에 대한 남다른 애정을 가졌던 전 대통령을 기념하여 건립한 에두아르도 산토스 경기장 앞에 세워졌다. 동상의 무게는 7톤이고 크기가 6미터에 달하며 총 제작비로 13만 달러가 소요되었다. 발데라마에 대한 지역주민의 사랑과 자부심을 짐작할 수 있는 부분이다. 발데라마는 1990년, 1994년 그리고 1998년 월드컵에 출전한 국가대표팀 주장을 맡은 간판 미드필더다. 콜롬비아 최고의 선수상인 '아틀레티코 주니어'를 1993년부터 1995년 3년에 걸쳐 수상했다. 콜롬비아 축구선수가 일생에 한 번 받기도 어려운 상이다. 1987년과 1993년에는 남미 최우수 선수상을 수상하기도 했다. 발데라마는 월드컵에 3회 출장을 포함하여 콜롬비아 축구사상 A매치 출장기록 100경기를 넘어선 최초의 선수다. 또 다른 자신과 마주한 발데라마는 은퇴 후 고향으로 돌아와 축구발전에 기여하겠다는 말로 감사를 표했다. 2004년 공식 은퇴한 이후 바랑키아의 프로팀 '주니어'의 감독으로 활동하고 있다.

바랑키아의 작은 어촌 '페스카디토'는 많은 축구스타를 배출한 명소로 꼽힌다. 발데라마가 국제적인 스타로 성장한 곳이기도 하다. 동네 중심에 자리 잡은 '카스테야노' 축구장에서 미래 선수들의 기량이 완성된다. 이곳에서 성장한 대부분의 선수들이 '우니온 막달레나' 팀에 입단하여 프로선수로 활동한다. 발데라마 역시 '우니온 막달레나' 팀에서 선수생활을 시작했다. 이후 보고타의 '밀리오나리오스'와 스페인 '레알 마드리드'팀으로 이적하면서 세계적인 선수로 부상했다. 현재까지 그를 대신할 국내 선수는 없다.

발데라마가 콜롬비아 역대 최고의 선수라는 데는 이견이 없다. 축구가 점점 세분화된 기술을 요구하는 시점에서 발데라마와 같은 기량을 가진 선수가 배출되기란 쉽지 않은 형편이다. 창조적인 미드필더로서 기술적인 패스와 방어는 그를 세계적인 선수로 인식하기에 부족함이 없다. 신이 내린 축구 천재 펠레는 세계우수선수 FIFA랭킹 100위에 발데라마를 추천했고 2004년에는 세기의 우수 남미선수 랭킹 39위를 차지했다. 발데라마가 20세기 콜롬비아 최고의 선수임이 증명된 셈이다.

그라운드의 야수 아스프리야

파우스티노 아스프리야는 1980년대 말에서 1990년대 초 최고의 인기를 누리던 공격수다. 그가 경기하는 모습을 해설가들은 흔히 '아트'라고 표현한다. 그는 남미를 대표하는 '그라운드의 아티스트'다. 본능적이고 동물적인 감각으로 슛을 날리는 그의 몸짓은 늘 격찬의 대상이다.

아스프리야는 1969년 10월 바제데 카우카 주의 작은 마을 툴루아에서 태어났다. 동료들은 그를 '티노'라고 불렀다. 그의 애칭은 매스컴에서 본명 대신 사용되었다. 그가 태어난 툴루아 마을은 작지만 훌륭한 축구선수를 배출한 곳으로 유명하다. 프레드리 링콘의 고향이기도 하다.

바제데 카우카 지역에서 그냥 지나칠 수 없는 전설의 선수가 있다. 1970~1980년대 초 가장 뛰어난 선수로 꼽히는 웰링톤 오르티스다. 왕년에 콜롬비아인들이 가장 아끼던 선수다. 그는 '토케토케'로 불리는 지역축구발전 프로그램을 통해 우수한 선수들을 발탁하여 훈련하고 있다. 오르티스는 화려한 기술을 타고난 천부적인 선수로 평가받는다. 아스프리야와 같은 몸동작을 구사하는 진형적인 흑인선수다

칼리는 바제데 카우카의 수도다. 흔히 이곳을 '하늘로 오르는 다리'라고 부른다. 기후가 쾌적하고 가장 라틴적인 살사댄스로 국제적 명성을 누리는 곳이다. 아스프리야는 1989년 칼리의 '나시오날' 팀을 통해 선수생활을 시작했다. 경기 중 심판에게 불

손한 태도를 보이는 인간적인 단점에도 불구하고 그는 콜롬비아 축구의 보석으로 평가된다. 아스프리야는 콜롬비아 프로축구사에서 '가장 우수한 5인의 선수'로 선출되었고, '세계축구 영웅 100인' 중 100위에 선정된 보물 중의 보물이다. 바제데 카우카 어린이들에게 아스프리야는 교과서와 같은 인물이다. 그리고 미래의 희망이고 꿈이다.

아스프리야가 세계적인 선수로 부상한 것은 1994년 이탈리아 파르마FC 구단에 입단하면서부터다. 파르마FC는 1913년 작곡가 주세페 베르디를 기념하기 위해 창단되었다. 그러나 1969년 파산으로 시련을 겪었고 이후 유럽클럽축구계에서 철저하게 무명으로 보내야 했던 팀이다. 1990년대 들어 30여 년간의 침묵을 깨고 파르마FC는 유럽축구연맹(UEFA) 챔피언 리그에서 두 번이나 우승을 차지했다. 그리고 위너스컵도 거머쥐는 이변을 낳았다. 세계 각국으로부터 우수한 선수들을 영입한 결과였다. 타파렐, 그룬, 브롤린으로 시작된 스타플레이어들의 입단 이후 졸라와 디노, 아스프리야 그리고 베론이 영입되었다. 1998년과 1999년 시즌 두 번째 유로파 리그 우승을 차지한 파르마는 유럽축구계의 신흥강호의 자리를 지키고 있다.

아스프리야는 파르마의 공격수로 활동했다. 이후 영국 뉴캐슬로 이적하여 프리메르 리그에 연속 출전했다. 특히 바르셀로나FC와의 경기에서 보여준 해트트릭은 많은 축구팬들이 그를 기억하는 계기가 되었다. 이후 무릎 부상으로 시련을 겪었고, 1998년부터 2001년 동안 이탈리아, 브라질, 멕시코 프로팀을 거처 2002년 귀국하여 '아틀레티코 나시오날' 선수로 활약했다. 그러나 무릎 상태가 악화되어 칠레와 아르헨티나 클럽축구 선수 활동을 마지막으로 2009년 7월 은퇴를 선언했다. 아스프리야는 현재 고향 툴루아에 거주하고 있다.

선수로서 아스프리야는 찬사의 대상이었지만 경기장 밖에서는 비난의 대상이었다. 1993년부터 쏟아지기 시작한 여배우와의 관계 및 여성 관련 추문과 교통사고 그리고 스포츠 잡지 '데 포르티보 그라피코'에 공개된 누드사진은 많은 이들을 당혹스럽게 만들었다. 기자들은 아스프리야가 세계 축구사에 영원히 기록될 만한 선수임에도 불구하고 관리에 소홀한 점에 대해 매우 안타까워 했다. 1997년 포르노 배우 겸 모델인 라디 노리에가와의 스캔들에 이어 공중파 TV쇼에 과감한 노출로 출연한 그는 복잡한 사생활을 공개적으로 드러냈다. 아스프리야의 이해할 수 없는 행동은 멈추지 않았다. 2007년 알몸으로 잡지 표지 모델로 등장했고, 2008년 4월에는 자신의 별장 '산 티노'에 위치한 이웃집에 R-15총으로 29발을 발사하는 난동을 부렸다. 원인은 밝혀지지 않았다. 2년의 수감생활을 마치고 석방되자마자 전처아 자식의 생활비문제로 법정싸움에 휘말렸다. 그는 늘 대중의 시선에 목말라하는 삶을 살아가고 있다.

조국을 배신한 죄인(?) 에스코바르

1994년 7월 2일 메데진 교외의 한 디스코 클럽 '인디오'에서 12발의 총성과 12번의 '골'이 함께 울렸다. 미국 월드컵 경기를 마치고 고향 메데진으로 돌아와 휴식을 취하던 안드레스 에스코바르는 한마디 이별의 말도 고하지 못한 채 눈을 감았다. 선수로서 그리고 한 인간으로서 모범적이었던 에스코바르는 자책골에 대한 대가로 목숨을 잃었다. 그의 사망은 세계는 말할 것도 없거니와 콜롬비아인들에게도 크나큰 충격을 안겨주었다. 1994년 미국 월드컵 우승후보로 거론되었던 콜롬비아 팀은 어이없는 자책골로 조 최하위에 머물렀다. 분노한 팬들은 대표팀을 향해 엄청난 비난을 쏟아냈다. 일부 선수들은 귀국을 주저하였고, 마투라나 감독은 외국으로 잠시 몸을 피해야 했다. 그러나 에스코바르는 귀국을 선택했고 결국 비운의 주인공이 되었다. 월드컵 경기 역사상 최악의 비극이었다.

에스코바르는 메데진에서 1967년 3월에 출생했다. 1985년 '아틀레티코 나시오날' 팀을 통해 프로선수로 데뷔했고, 팀을 위해 생애 전부를 바쳤다. 그는 1988년 웸블리 스타디움에서 열린 영국과 콜롬비아 친선경기를 계기로 국가대표로 선발되었다. 다음해 스위스 '영보이스' 팀으로 이적하여 2년 동안 유럽에서 활동했다. 1991년 귀국하여 '나시오날' 팀에 소속되어 국내 리그를 석권했다. 팀의 승리는 침착하게 전후방 수비를 담당하며 동료들에게 안정을 주는 에스코바르의 경기운영방식의 결과였다.

에스코바르는 마투라나 감독과 동료들의 인간적 신뢰가 두터운 선수였다. 월드컵 이후 발데라마의 뒤를 이어 대표팀의 주장을 맡을 기둥이었다. 선수들의 거친 폭력과 언행이 오가는 그라운드에서 그의 행동은 단연 돋보였다.

에스코바르는 1994년 마투라나 감독에 의해 미국월드컵 대표팀에 선발되었다. 아르헨티나를 5-0으로 승리한 콜롬비아는 16강 원정경기에서 루마니아와 미국에게 패하여 2라운드 진출에 실패했다. 미국과의 경기에서 에스코바르의 자책골은 패배의 원인이 되었다. 에스코바르는 상대의 크로스를 걷어내려고 슬라이딩을 했다가 공이 발에 맞아 골로 연결되어 자책골의 주인공이 되었다. 1라운드 조별 리그는 통과할 것으로 기대했던 콜롬비아 국민들의 실망은 절망에 가까웠다.

에스코바르의 죽음을 목격한 여자친구는 범인이 "자책골에 감사한다"고 비아냥거리며 시비를 걸어 왔고, 자제를 요청하며 돌아서는 그에게 12발의 총탄이 스쳐갔다고 증언했다. 에스코바르 사후 4년간 대표팀의 2번은 결번이었다. 사건 이후 동료 선수들은 경호를 받으며 외출을 자제했다. 범인은 마약업자의 경호원 겸 운전사인 움베르토 무뇨스로 밝혀졌다. 그는 1995년 유죄를 인정받아 43년형을 선고받았으나, 2001년 형법개정으로 26년으로 감형 처분받았다. 2005년 무뇨스는 모범수로 석방되었다. 그의 석방을 둘러싼 정당성 시비는 지속되었다.

2006년 7월 2일 에스코바르 사망 12주기를 맞아 FIFA 최초의 공식 길거리 축구대회가 메데진에서 개최되었다. 에스코바르의 아버지는 가난하고 소외된 지역 아이들을 위해 '안드레스 에스코바르 축구센터'를 운영하며 아들을 기억하고 있다.

즉흥과 본능의 45분 이기타

레네 이기타는 1966년 메데진의 빈민촌 카스티야에서 출생했다. 미혼모였던 어머니를 일찍 여의고 할머니 손에 성장했다. 유년시절 가장으로서 신문팔이와 허드렛일을 하며 고단한 일상을 이어갔다. 소년 이기타에게 축구는 삶을 지탱해주는 힘이었고 꿈을 꿀 수 있는 유일한 미래였다.

이기타는 파라과이의 골키퍼 호세 루이스 칠라베르트와 같이 골 넣는 골키퍼로 유명하다. 대부분의 골키퍼들이 안전 위주의 경기를 펼치는 반면 그는 불가능한 거리임에도 불구하고 즉흥적이지만 골을 시도하는 천부적인 골 감각의 선수다. 골문에서 공을 몰고 나와 공격수들과 패스를 주고받으며 개인기를 발휘하여 관중을 아찔하게 만드는 골키퍼다.

원래 이기타는 공격수로 시작했다. 우연한 계기로 그의 포지션이 골키퍼로 전환되었다. 메데진 프로팀에서 고교 우수선수 선발을 위해 개최한 경기에서 이기타는 팀의 공격수로 출전했다. 경기 도중 골키퍼가 부상당하여 경기를 지속할 수 없게 되자 감독은 이기타를 팀의 골키퍼로 교체했다. 사전에 계획된 결정은 아니었다. 평소 이기타의 재능을 눈여겨본 감독은 골키퍼로서 그의 가능성을 발견한 것이다.

이기타는 1981년 메데진 '아틀레티코 나시오날' 팀에서 선수 생활을 시작했다. 1985년 국가대표로 선발되어 파라과이에서 개최된 '코파 아메리카'에 출전했다. 경기 출전 이후 이기타는 슛을 날리는 골키퍼로 유명세를 타기 시작했다. 1986년 콜롬비아 최고의 프로축구팀 '밀리오나리오스'로 이적했으나 그의 천재성에 늘 격려를 아끼지 않았던 마투라나 감독의 호출로 다시 메데진의 '아틀레티코 나시오날' 팀에 복귀했다. 그리고 1989년 남미 클럽축구선수권대회인 '코파 리베르타도레스 데 아메리카'에 출전하여 우승의 주역이 되었다. 이기타는 팀의 상징이며 메데진 서민들의 존경의 대상이 되었다. 이기타의 영향으로 유소년 축구선수들은 골키퍼를 희망하기도 했다.

1990년 콜롬비아 대표팀은 이스라엘을 격파하고 이탈리아 월드컵에 진출했다. 유고슬로바키아와의 경기에서 중앙선까지 공을 몰고 나온 콜롬비아 골키퍼의 독특한 스타일에 관중은 환호했다. 어이없이 카메룬의 공격수 로제 밀라에게 공을 뺏겨 1-2로 패하여 16강 진출은 좌절되었지만 이전에 한 번도 본 적 없는 즉흥적인 골키퍼의 행동에 관중은 매료되었다. 1991년 유럽무대에 진출했으나 성공적이지 않았다. 시즌경기가 채 끝나기도 전에 다시 메데진으로 돌아와 '아틀레티코 나시오날' 팀에 재합류했다.

축구계의 유명인사로 사랑을 받던 이기타에게 절망의 시간이 다가왔다. 1991년 감옥에 투옥된 마약왕 파블로 에스코바르를

면회한 사실이 알려졌고, 그는 공개적으로 에스코바르와의 친분을 과시했다. 이미 국민적 영웅이 되어버린 이기타와 마약왕의 우정은 사회적 파장을 불러오기에 충분했다. 1993년 6월에는 소녀 납치혐의에 연루되어 영웅은 하루아침에 범죄자로 인식되었다. 이어 1994년 미국 월드컵 출전을 앞두고 코카인 복용혐의가 인정되어 참가자격이 박탈되었다. 콜롬비아 축구연맹은 6경기 출전 정지와 366달러의 벌금형에 처했다. 이러한 징벌에 대해 이기타는 사생활과 스포츠는 무관하다며 결백을 주장했다. 단식투쟁까지 벌였지만 괴변에 가까운 주장이었다. 그를 아끼던 마투라나 감독은 월드컵 출전을 위해 꼭 필요한 선수라며 그에 대한 각별한 애정을 표했다.

시련은 내면의 성숙을 기하는 시간이 되었다. 1994년 이기타는 국내 프로리그에서 팀을 우승으로 이끌어 건재함을 과시했다. 이듬해 9월 드디어 즉흥적이고 파격적인 그의 플레이는 세계축구팬들에게 영원히 잊지 못 할 기억으로 남았다. 웸블리 경기장에서 열린 영국과 콜롬비아의 친선경기에서 이기타는 출전 경기 중 최고의 기량을 선보였다. 상대팀 제이미 래드냅의 숫을 일명 '스콜피온 킥'이라고 불리는 뒷발차기로 선방하여 관중에 박수갈채를 받았다. '스콜피온 킥'이라는 새로운 방어술이 이기타에 의해 세상에 모습을 드러냈다. 골문을 향해 달려오는 공을 앞으로 넘어지면서 뒷다리로 방어하는 이기타의 모습은 2008년 7월 22일 영국 축구정보 포털사이트(fútbol footy-boots.com)에서 실시한 투표결과 축구역사상 가장 뛰어난 명장면으로 평가되었다.

이기타는 1999년 '코파 아메리카' 출전을 마지막으로 대표팀을 떠났다. 그는 국가대표 골키퍼로서 국제경기 68회 출전하여 54개의 골을 방어했고, 3개의 골을 기록했다. 2004년부터 에콰도르와 베네수엘라 프로리그에서 활동했다. 이후 귀국하여 42세의 나이에도 불구하고 국내프로팀에 소속되어 '스콜피온 킥'을 선보였다. 2010년 1월 축구감독이나 스포츠 진흥을 위해 헌신할 정치가가 되고 싶다는 포부를 밝히며 은퇴를 선언했다. 2004년 '국제축구역사와 통계연맹'이 실시한 투표에서 20세기 남미 최고의 골키퍼 10인에 선출되었다. 본능적 골 감각을 지닌 천재적인 골키퍼 이기타는 분명 축구계의 혁명가였다.

마약왕의 축구사랑

월드컵 트로피 모양의 코카인이 등장했다. 2010년 7월 콜롬비아 공항 마약단속국은 FIFA컵 모양으로 제작된 코카인을 발견했다고 발표했다. 스페인 마드리드행 화물 중 FIFA컵 모양의 코카인이 국제우편물에서 발견된 것이다. 코카인 트로피는 코카인 11kg과 아세톤, 가솔린 등이 혼합돼 만들어졌다. 콜롬비아에서 마약과 축구는 불가분의 관계를 맺어왔다. 마약과 축구관계를 이야기할 때 빼 놓을 수 없는 인물이 있다. 그가 바로 파블로 에스코바르다. 콜롬비아에는 여러 명의 에스코바르가 있다. 그중 우리의 기억 속에 저장되어 있는 에스코바르는 두 명이다. 그라운드의 이성 안드레스 에스코바르와 마약왕 파블로 에스코바르다.

마약왕 에스코바르는 1980년대 콜롬비아 최대 마약조직인 메데진 카르텔을 총 지휘한 인물이다. 그리고 세계 10대 부자 중 한 명으로 선정되기도 했다. 그는 축구를 광적으로 좋아했다. 그래서 축구를 위해 막대한 자금을 지원한 것으로 알려져 있다. 에스코바르는 콜롬비아 역사상 최악의 사건으로 기록된 4,000여 명의 대량 암살 주범이기도 하다. 청부살인업자 망을 조직하여 목적을 위해 살인, 납치, 암살을 주저없이 행한 인물이다. 그가 왕성한 활동을 하던 당시 콜롬비아는 세계주요범죄국로 소개되었다. 그러나 가난한 이들에게 그는 자신의 주머니를 아낌없이 털어주는 인정 많은 인물로 기억된다. 빈민가 어린이들을 위해 축구장과 교회를 건립하여 위안의 공간을 마련해 주었다. 그래서 에스코바르는 축구계와 종교계 인사들과 친분이 두텁다.

에스코바르는 인근 볼리비아, 페루 같은 안데스지역에서 구입한 코카인 덩어리 판매를 시작으로 마약과 인연을 맺었다. 이후 미국행 마약운송업자를 대상으로 마약을 판매하여 마약계의 거상으로 변모했고, 1970년대 국제마약거래의 핵심인물로 등장했다. 에스코바르는 메데진 카르텔을 운영하며 생산부터 소비까지 마약과 관련된 모든 거래를 독점했다. 수십 채의 호화별장을 소유하였고, 고급자동차를 수집하는 등 인간이 누릴 수 있는 모든 사치는 빠뜨리지 않았다. 마약운반용 경비행기와 헬리콥터 및 선박 등 공개된 그의 자산만 해도 지구상에 존재하는 숫자로는 나열이 불가능했다.

　1980년대 말에서 1990년대 초 콜롬비아는 마약조직의 경쟁으로 사회적 혼란이 심화되었다. 정부는 강경하게 마약범죄에 대응했다. 지속되는 마약테러로 마약조직에 대한 국민적 질타와 비난은 극에 달했다. 이러한 상황 아래 에스코바르는 이미지 관리가 무엇보다도 시급했다. 그는 지역에서 존경받는 인물들과 접촉했고 정치가, 금융업자, 변호사 등 사회 유력인사들과 친분을 유지했다. 그의 노력은 서민들에게까지도 미쳤다. 에스코바르는 가난한 사람들을 위한 다양한 지원 사업을 펼쳤다. 역점지원 사업은 축구장 건립이었다. 당시 건립된 50여 개의 축구장은 가난한 어린이들에게 희망의 놀이터였다. 또한 판자촌을 재건축하여 "오두막 없는 메데진" 그리고 "파블로 에스코바르"라는 새로운 동네를 만들어 가난한 이들에게 보금자리를 선사했다. 프로축구에 대한 지원도 잊지 않았다. 축구에 대한 그의 애정은 스포츠계의 마약조직의 영향력 확대를 위한 것이었다.

　에스코바르와 경쟁관계에 있던 칼리 카르텔의 로드리게스 형제도 '아메리카' 팀에 막대한 돈을 지원했다. '아메리카' 팀은 로드리게스 패밀리의 자금으로 성장했다. 당시 '아메리카'의 감독 가브리엘 오초아는 스타급 선수들을 대거 영입하여 '아메리카'를 국내 최고의 팀으로 만들었다. '밀리로나리오스'는 곤살로 로드리게스의 자금으로 운영되었고, 피트 라이던의 자금은 메데진의 '나시오날' 팀의 젖줄이 되었다. 경제위기로 정부의 스포츠에 대한 지원은 대폭 축소되었고 그 빈 자리는 마약자금이 촘촘히 메워 주었다.

에스코바르는 '대안자유운동'이라는 정당을 통해 상원의원에 선출되기도 했다. 그는 의원직을 이용해 법조계, 재계 그리고 종교계 및 시민 등 사회 다양한 분야에서 영향력을 축적해 나갔다. 사람들의 기억 속에서 마약왕 에스코바르는 사라진 듯했다. 그러나 1983년 주요 일간지 엘 에스펙타도르에서 가면 뒤에 숨겨진 그의 모습이 폭로되었다. 국민적 신뢰와 사회적 친분을 바탕으로 에스코바르는 마약조직 확대와 불법자금을 축적하는 한편 암살, 폭발, 납치와 같은 조직범죄를 총 지휘했다. 그의 이중적 모습이 언론에 폭로되자 의회는 그의 의원직을 박탈했다. 그리고 정치운동금지 및 구속 등 법적절차에 따라 처벌했다.

이러한 처벌에 대해 에스코바르는 자신의 능력을 확인시켜 주었다. 1986년 자신의 이중생활을 폭로한 일간지 사장을 암살했다. 그리고 마약에 대한 강경책을 채택한 유력한 대선 후보 카를로스 갈란도 그에 의해 사라졌다. 또한 미국과 남미를 오가는 주요 항공기 아비앙카 203편을 폭파시켜 107명의 목숨을 앗아갔고, 차량폭탄으로 비밀경찰건물을 폭발하여 국가행정력을 마비시켰다. 결국 1991년 에스코바르와 평소 친분이 두텁던 주교의 중재로 사법부에 인도되어 메데진의 '엔비가도' 감옥에 투옥되었다.

'나시오날' 팀 소속 선수들은 수감된 에스코바르를 방문했다. 에스코바르의 호사는 투옥 중에도 지속되었다. 그는 감옥에서도 개인 운동장을 마련하여 축구를 즐겼다. 1992년 에스코바르는 투옥 1년 만에 다른 감옥으로 호송 중 도주에 성공했다. 정부는 경찰과 군 그리고 미국의 마약대책반으로 구성된 수색팀을 조직하여 추적했다. 막대한 현상금도 걸었지만, 보상금의 유혹은 보복의 두려움보다 저렴했다. 에스코바르는 수색팀의 끈질긴 노력 끝에 결국 살해되었다. 국내외 매스컴은 에스코바르의 사망을 보도했다. 그의 사망에 대해 의혹을 제기하는 이도 많았다. 언론들은 그의 얼굴을 확인할 수 있는 시신을 공개하지 않았다. 더군다나 3중의 경호를 받으며 생활하던 그가 경찰의 총에 사살되었다는 설명도 많은 이들의 의혹을 증폭시켰다. 에스코바르의 사망소식이 전해지자 가난한 이들의 애도는 끊이지 않았다. 매스컴과 정부는 마약범죄조직에 대한 성공적인 진압으로 평가했다.

마약왕 에스코바르가 사망한 지도 많은 시간이 지났다. 그가 건립한 축구장에서 꿈을 키워 온 소년들도 성장하여, 프로선수로 그라운드를 누볐고 이젠 지도자로 선수를 양성하고 있다.

450그램의 힘

둥근 공 하나가 지구 전체를 들썩이게 한다. 4년마다 450g의 힘은 지구 곳곳에서 발휘된다. 탄성과 분노 그리고 박수와 함성의 열광으로 가득한 밤은 한낮의 작열하는 태양을 능가한다. 450g의 공 하나가 영웅을 만들기도 하고 불운의 주인공을 만들기도 한다.

콜롬비아에서 축구는 문화며 삶이다. 공 하나만 있으면 어디든지 상관없다. 아이들은 TV를 통해 본 아스프리야의 부드러운 몸동작과 발데라마의 완벽한 패스를 따라한다. 상대골대에 숏을 날리는 골키퍼는 이기타를 재현한다. 가정 형편이 넉넉지 못한 아이들은 공 하나로 욕구를 절제하는 현명함을 익혀 간다. 공은 현실의 상처를 치유해 주고 내일도 달릴 수 있는 힘을 준다. 신문팔이와 구두닦이를 하며 할머니를 부양해 온 소년 이기타의 삶은 현실에 상처를 안고 살아가는 수많은 아이들에게 미래를 꿈꾸게 한다. 축구는 고단한 현실로부터의 출구며 희망의 미래로 이끄는 열쇠가 된다.

콜롬비아에서 축구는 종교와 같은 힘을 발휘한다. 축구와 종교는 긴밀한 관계를 맺고 있다. 중요한 경기를 앞두고 선수나 감독은 몸과 맘을 정결히 다듬고 미사에 참여한다. 골을 득점한 선수나 감독은 십자가를 그으며 신에게 골의 영광을 돌린다. 다른 나라보다도 콜롬비아 경기에서 이러한 광경은 쉽게 목격된다. 관중의 환호로 선수들은 영적인 힘을 보충한다. 그리고 멋진 경기로 관중의 환호에 보답한다. 영적으로 충만한 선수들이 펼치는 화려한 경기는 마치 종교의식을 거행하는 성스러움마저 느낀다. 경기장은 신에게 감사를 드리는 또 다른 성전이 되기도 한다.

프로팀의 연고지에는 성전과 같은 경기장이 건립되었다. 보고타와 바랑키아에는 6만 이상의 관중을 수용할 수 있는 경기장이 70년의 역사를 자랑한다. 1938년 건립된 보고타의 엘캄핀 경기장은 '밀리오나리오스' 팀의 전용구장으로 활용되고 있다. 올림픽, 월드컵 예선전 그리고 '코파 리베리타도레스'와 '코파 아메리카'와 같은 국제적인 경기는 이곳에서 펼쳐진다. 바랑키아의 '메트로폴리타노 로베르토 멜렌데스' 경기장은 국가대표팀의 월드컵 출전 전용구장으로 이용되고 있다.

경기장은 단순히 경기를 치르기 위해서만 존재하지 않는다. 다양한 종교가 한자리에 모이는 공간이기도 하다. 경기가 시작되기 전 감독과 선수들은 금욕과 절제로 성스러운 시간들을 보낸다. 미사도 참여하고 동원할 수 있는 모든 신을 불러 모아 승리를 염원한다. 주술사는 검은색과 빨간색을 사용하여 자신의 신에게 인간의 염원을 전달한다. 승리를 기원하는 의식은 전통과 현대를 넘나든다. 의식은 지역적 특색이 반영된다. 승리도 패배도 모두 신의 뜻인 것이다.

나, 너 그리고 우리

출처: Juan Camilo Gallego

콜롬비아는 중남미에서도 지역성이 매우 강한 국가로 알려져
있다. 이러한 지역성은 축구를 통해 여실히 드러난다. 1부 리그
빅매치 최대 라이벌은 메데진의 '인데펜디엔테'와 칼리의 '아메
리카' 팀이다. 양 팀은 경쟁 팀에게 패하는 것보다 2부 리그 팀
에 지는 편이 낫다고 생각한다. 경쟁관계에 있는 팀에 패하는
것은 죽음보다 못한 것이다. 마약자금으로 성장한 양 팀의 경기
는 마치 전투를 방불케 한다. 경기장 안의 관중석은 긴장감마저
돈다.

메데진의 '인데펜디엔테'와 칼리의 '아메리카' 양 팀의 경기 뿐만 아니라 연고지가 같은 라이벌팀의 경기도 예외는 아니다. 칼리지역의 '데포르티보 데 칼리'와 '칼리 데 아메리카' 팀의 경기에서 관중은 지역적인 동질감보다는 '너'와 '나'로 서로를 철저히 구별 짓는다. 경기장 밖에서는 이웃과 가족으로 '우리'라는 일체감을 유지하지만 경기장 안으로 들어서면 상황은 180도 돌변한다. 구별된 '너'와 '나'가 또 다른 '우리'를 만든다.

응원단은 관전에만 머물지 않는다. 그들은 선수들과 한 몸이 되어 경기장을 장악한다. 경기장은 탄성과 함성이 서로 뒤얽히기도 하고, 때론 거친 언어와 폭력이 묵인되기도 한다. 축구경기장은 관중의 잠재된 공격적 성향을 폭발하는 허락된 공간이 된다. 선수도 응원단 못지않게 상대팀에 대한 경쟁의식을 드러낸다. 구단은 특별 경기 수당까지 지급하며 승리를 위한 혈전을 다짐한다. 선수들은 상대팀을 공략하기 위해 자신의 한계를 뛰어넘는 기량을 시도한다. 경기 90분 내내 양 팀의 선수와 관중은 완벽한 '우리'가 되어 '너'를 제압한다.

'너'와 '나' 그리고 '우리'의 경계선을 지키고 있는 심판은 늘 위험에 노출된다. 양 팀의 관중은 주심의 판정을 주시하며 폭력적 보복을 준비한다. 라이벌팀의 경기에서 심판은 폭력에 대처할 수 있는 능력이 무엇보다도 요구된다. 심판의 능력은 기술적 자질에 앞서 상황대처에 따라 평가받는다. 관중과 선수를 제압할 수 있는 카리스마가 최고의 심판을 만든다. 비록 심판은 오판을 했더라도 관중에게 압도되어서는 안 된다. 심판이 판정을 뒤바꾸는 경우 치명적인 결과가 기다린다. 경기가 종료되었어도 결과에 대한 분노는 언제든지 심판에게 향할 수 있다. 그래서 심판이 종종 경찰의 보호를 받기도 한다. 최악의 경우 해외로 도피하는 상황도 벌어진다.

'아메리카' 팀의 열렬 팬 안토니오 오르테가는 50여 년을 한결같이 팀의 운명과 함께해 왔다. 그는 평소에 말이 없고 소심하다. 그러나 축구경기를 관람할 때면 자신도 잊고 있던 열정이 살아난다. 가난한 도시노동자로 살아온 그에게 삶은 박탈감의 연속이었고 털어내고 싶은 짐이기도 했다. 축구경기장에서 그는 내재된 감정을 여과 없이 토해낸다. 숨을 헐떡이며 승리를 향해 질주하는 선수들의 모습은 고단한 일상의 보상과도 같았다. 선수들과 한 몸이 되어 목청껏 승리를 외치고 경기장을 나오면 잔잔한 휴식이 온몸으로 찾아왔다. 그는 집안을 팀의 상징인 붉은색으로 장식했다. 팀과 조금이라도 더 밀착되고 싶었다. '아메리카' 팀은 그에게 마치 종교와도 같다. 축구는 그의 목소리를 찾아주고 진정한 자신을 만나게 했다. 그에게 축구는 삶의 원동력이며 위안이다. 가벼운 주머니를 털어 입장티켓을 구입하지만 아깝지 않다. 남은 몇 푼으로 허기를 달래며 힘껏 응원할 때면 현재의 가난은 미래가 희망으로 보상해줄 것이라는 믿음이 생긴다.

바랑키아 출신의 구스타보는 축구경기가 있는 곳이면 어디든지 달려간다. 국제경기에서 그의 모습은 빠지지 않는다. 콜롬비아의 축구를 상징하는 인물로 국내외 매스컴을 통해 유명세를

타는 축구팬이다. 경기장에서 구스타보는 넓은 날개를 활짝 펴고 비상하는 한 마리의 콘도르가 된다. 콘도르는 안데스 산맥을 날아다니던 전설의 새다. 그는 불가능을 넘어서 자신의 팀이 반드시 승리할 것으로 확신한다. 그에게 축구는 종교다.

콘도르 복장으로 축구장에 나타나게 된 것은 신의 계시였다고 한다. 구스타보는 어느 날 꿈 속에서 축구팀을 응원하라는 목소리를 들었다고 한다. 그는 축구와 삶을 함께 하는 것을 신의 계시라고 믿는다. 꿈을 꾼 이후 구스타보는 경기장에서 콜롬비아 국기색 노랑, 빨강, 파랑 삼색으로 온몸을 치장하고 날개를 달아 콘도르로 거듭 태어난다. 그가 날개를 펴면 응원단이 몰려든다. 흑인에 대한 인종적 편견을 가지고 있는 콜롬비아에서 경기장 안의 흑인은 박수를 받고 영웅으로 부상한다. 축구는 깨지지 않는 인종과 계층 간의 벽조차 순식간에 허물어버린다. ⚽

대중의 열망이 큰 '엘 뜨리'

안태환

멕시코 문화와 멕시코 축구의 역사

멕시코는 마야와 아스테카 두 개의 고대문명이 있던 나라이다. 마야는 멕시코 남부와 현재의 과테말라를 중심으로 했고 아스테카는 현재의 멕시코시티를 중심으로 했다. 기원전 3000년부터 신화적 역사를 가진 나라이다. 멕시코는 16세기 초 스페인에 정복을 당하면서 원주민 문명이 멸망했다. 19세기 초의 멕시코 독립, 그 후의 내전적 상황 그리고 1910년에 터진 멕시코 혁명 등 고통과 희생이 유난히 많았던 국가이다. 그러므로 멕시코 대중은 경제적, 사회적 불평등 속에서 그들의 꿈과 열망, 판타지를 해결해 줄 존재가 항상 필요했다. 그 대표적인 예가 멕시코 혁명의 영웅인 판초 비야이다. 그는 마치 우리나라 대중의 샤머니즘적 추앙대상으로 역사상 장군들이 추모되듯이 추모된다. 일반 대중이 잘 가는 식당의 벽 또는 자동차 수리공장 등의 사무실 벽에 그의 사진과 어록 등이 걸려 있기도 하다. 또는 대중이 사랑하는 민속공예품 시장에 가면 그의 사진을 복사한 것을 액자에 넣어 흔히 팔기도 한다. 판초 비야에 대한 대중의 사랑이 강하다는 것을 알 수 있다. 이 같은 대중의 열망과 기대가 걸려있는 것이 멕시코 축구이다. 최근의 남아공 월드컵 경기에서 8강 진출에 실패한 후, 멕시코 국가대표 감독인 하비에르 아기레는 "우리는 조국의 구원자들이 아니다"라고 하였다. 이 언급은 멕시코 축구와 대중의 관계를 상징하는 말이다. 멕시코의 음식 문화는 우리와 매우 비슷하다. 특히 미국음식은 대체로 단맛이 많이 나는 데 비해 멕시코 음식은 고추를 많이 써서 매콤하여 우리 입맛에 맞는다. 우리나라에도 많이 알려진 타코(TACO)의 경우도 제대로 먹기 위해서는 고추를 믹서기에 갈은 살사 베르데라는 소스와 같이 먹어야 한다. 또는 멕시코 국기의 삼색을 닮은 '살사 메히키나'라고 하는 양파, 고추, 토마토를 잘게 자른 소스와 함께 먹어야 제 맛이 난다. 또한 우리의 내장탕과 거의 같은 메누도(Menudo)라는 음식도 있다. 특히 콩을 돼지비계, 양파 등과 함께 끓인 프리홀 데 차로(Frijol de Charro)라는 음식도 맛이 있다. 또한 얼핏 보면 누룽지같이 생긴 돼지껍데기를 기름에 튀긴 치차론(Chicharon)도 맛이 좋다. 다만 콜레스테롤이 많긴 하다. 세계에서 1위의 부자도 레바논 계 멕시코인인 카를로스 슬림(Carlos Slim)이다. 그는 텔멕스(Telmex)라는 민영화된 통신회사 및 미국과 라틴아메리카에 엄청난 액수의 투자를 하고 있는 부자인데도 검소한 일상생활을 하고 있다. 많은 돈을 공공교육과 빈민 의료 복지 등에 쓰고 아주 고가의 미술품을 많이 소장하고 있는 예술애호가이다.

　멕시코는 70년과 86년 두 번에 걸쳐 월드컵 경기를 주최한 바 있다. 이 당시 주경기장이 아스테카 경기장으로 관객 수용 12만 명의 규모를 자랑한다. 1986년 월드컵 경기는 마라도나가 스타로 부상한 경기로 마라도나의 '신의 손' 에피소드가 나왔던 경기이기도 하다. 아스테카인들은 신에 대한 경배 의식으로 축구 비슷한 공놀이를 전사들이 했다. 그런데 패자는 신에 대한 희생물로 엄숙한 죽음을 맞았다는 이야기도 있다. 이런 전사의 의식과 같은 엄숙함이 선수들을 긴장시키는 문화적 무의식이 있어서인지 모르지만 멕시코 국가대표팀은 국제경기에서 다소 경직된 플레이를 하며 그다지 좋은 성적을 내지는 못하였다. 브라질의 삼바 축구가 상징하는 자유롭고 경쾌한 리듬감이 넘쳐나는 축구를 하지 못한다. 멕시코는 1870년대부터 조금씩 산업화가 시작된다. 1910년에서부터 1920년대 초까지 혁명의 열기에 휩싸이게 된다. 멕시코의 프로축구가 멕시코 혁명 후 정치적, 경제적 안정을 찾은 1940년대에 시작하게 된 것은 우연이 아니다. 40년대, 50년대까지 멕시코의 문화지형은 원주민 문화를 멕시코 문화의 원류로서 중시하는 '문화민족주의'가 왕성한 시기이다. 대표적인 화가로는 멕시코 역사를 웅대한 스케일의 벽화로 표현한 디에고 데 리베라와 여성으로 페미니즘 미술의 대표적 화가로 존경받는 프리다 칼로 등이 있다. 이 시기는 멕시코가 다양한 인종의 국가 통합을 위해 민족주의를 강하게 내세우던 시기였다. 멕시코는 지배계급으로 스페인에서 들어온 백인의 후손들인 크리오요 외에 대부분의 국민들은 백인과 원주민의 혼혈인 메스티소로 이루어져 있다. 멕시코의 남부지방에는 원주민들의 후손들이 많이 살고 있다. 국가통합과 사회통합을 지나치게 강조하려다 보니 하나의 정당인 '제도혁명당(PRI)'이 71년간이나 권위주의적으로 오랫동안 집권하는 일도 일어났다. 멕시코의 존경받는 대통령으로 멕시코 국제공항의 이름이기도 하고 멕시코 지폐에도 그의 얼굴이 있는 베니토 후아레스는 오아하카 주의 시골 원주민 출신이다. 그는 남녀평등과 인종 간 평등을 주장한 선각자다.

멕시코는 1968년 올림픽을 유치했는데 올림픽 당시 축구 경기장은 멕시코 국립대학(UNAM) 구장이다. 아스테카 경기장은 1966년 건립되기 시작하여 1970년 월드컵 때 역사상 처음으로 전 세계에 위성중계로 월드컵 경기가 방송되면서 전 세계 축구 팬들에게 선보인 바 있다. 멕시코와 축구의 인연은 1898년에 베라크루스 주의 오리사바 시에 있는 오리사바 스포츠클럽에 크리켓 경기가 소개되었고, 1901년에 영국인에 의해 파추카(Pachuca)축구클럽이 만들어진 게 축구역사의 시작이다. 1902년에 5개의 팀으로 구성된 멕시코 아마추어 축구리그가 결성되었다. 1927년에 멕시코 축구협회가 만들어진다. 처음으로 1943년에 10개의 팀으로 첫 번째 프로축구 리그가 탄생한다. 주로 멕시코시티, 할리스코 주, 베라크루스 주의 팀들이었다. 멕시코는 남성우월주의(machismo)의 나라이다. 축구야말로 가장 남성적인 운동이라 멕시코 남성들은 축구에의 사랑을 통해 자신들의 남성다움을 드러내고 싶어 한다. 물론, 멕시코는 아르헨티나나 브라질같이 세계적으로 유명한 라틴아메리카의 축구 최강국은 아니다. 그러나 멕시코인들에게 가장 사랑받는 스포츠는 축구이다. 멕시코인 10명 중 6명이 축구를 좋아한다. 이번 남아공 월드컵에도 멕시코 팬들은 약 1만 5천명이 남아공 경기장을 찾았다.

멕시코는 국제 축구연맹(FIFA) 랭킹 17위에 머물고 있었으나 남아공 월드컵이 끝난 뒤에 24위로 밀렸다. 2002년 한일 월드컵에서 멕시코는 11위에 머물렀고 2006년 독일 월드컵에서는 15위에 머물렀다. 전체적으로 침체기라고 할 수 있다. 멕시코 국가대표팀이 중요한 국제경기에서 좋은 성적을 내면 멕시코의 대중, 특히 젊은이들이 멕시코시티의 중심부에 있는 천사탑(Torre de Angel) 부근에 모여 환호성을 지른다. 멕시코 프로축구는 텔레비사(TeleVisa)라는 멕시코 미디어 재벌이 1959년부터 프로축구팀인 아메리카 팀(América)의 구단주로 있는 데서 알 수 있듯이 미디어를 통해 축구열기를 불어넣는 것이 특징이다. 그러므로 민족통합과 함께 빈부격차가 큰 멕시코의 사회통합의 기능을 프로축구가 효율적으로 수행하고 있다. 아메리카 팀은 멕시코시티를 연고지로 하는 팀이다. 아메리카 팀은 부자구단답게 해외의 유명선수를 거액을 주고 스카우트 하는 팀으로 유명하다. 이 팀과 라이벌 팀은 멕시코 제2의 도시인 과달라하라를 연고지로 하는 일명 '치바스'라고 하는 과달라하라 팀이다. 과달라하라는 멕시코 독립의 영웅들이 활약하던 곳과 가까운 위치의 도시이고 멕시코의 독립정신을 표현하는 뛰어난 미술작품이

1968년 올림픽 경기가 열린 멕시코 국립대학 축구장. 오준승ⓒ

많은 문화도시이다. 이 팀은 아메리카와 정반대로 순수한 멕시코인 선수로만 팀을 구성하는 전통을 가지고 있다. 멕시코의 평범한 서민의 인기를 끄는 멕시코 자부심의 상징인 팀이다. 치바스 팀은 50, 60년대 전성기를 가졌다. 외국선수가 없는 이 팀이 역대 우승전적이 제일 뛰어난 팀이다. 두 팀의 라이벌의식은 스페인의 레알 마드리드와 바르셀로나에 비교되기도 한다. 멕시코의 가난한 아이들이 먼지 풀풀 날리는 공터에서 축구를 하는데 비해 많은 돈이 투자된 프로클럽팀의 시설은 매우 훌륭하고 선수들의 대우도 좋은 편이다. 그중에서도 제일 부자 구단인 아메리카의 훈련시설이 제일 화려하다. 그러나 이 팀은 70, 80년대가 전성기였으나 지금은 좋은 성적을 내지 못하고 있다. 지나친 외국 스타선수 영입의 부작용이라고 지적되기도 한다. 이에 비해 진정으로 멕시코 민족주의를 상징하는 팀이 멕시코 국립대학과 그 대학 동문들의 기부로 운영되는 푸마스 팀이다. 왜냐하면 이 팀은 멕시코 유소년 축구 육성의 모델이 되는 팀이기 때문이다. 최근 멕시코 축구의 장래가 밝다는 이야기가 많은데 그 이유는 모든 구단이 유소년 축구에 정열을 쏟고 있기 때문이다. 국립 축구학교에서는 6세부터 15세에 이르는 유소년들을 대상으로 축구에 대한 다양한 교육을 시키고 있다. 축구에 필요한 소질, 자기 훈련, 협동심, 사회성을 길러주며 애국심, 정신력, 국제적 연대감 등을 심어준다. 그리고 축구 기초 프로그램의 전략적, 기술적 원리를 가르친다. 실제 교육은 나이에 상관없이 체력 등급에 따라 세 등급의 반을 만든다. 기초 등급에서는 신체 향상 단련과 드리블, 트래핑, 슈팅 등 기본적 개인기를 익힌다. 중급반에서는 협동력과 내구력, 근력, 민첩성을 기르며 축구의 기본적 규칙을 숙지시키고 개인기를 체계적으로 훈련시킨다. 고급반에서는 축구선수로서의 자질을 확립하고 육상선수와 축구선수의 자질도 갖추게 한다. 또한 치바스(Chivas), 푸마스(Pumas)를 비롯해, 아메리카(América), 크루스 아술(Cruz Azul) 등의 프로팀이 유소년 축구에 공을 들이고 있다. 6살 이상의 유소년 축구에 관심이 커서 주로 멕시코시티에 축구교실이 개설되어 있다. 우선 축구협회에 유소년 축구교실이 개설되어 있는데 대상은 4~15세이고 등록비는 800페소, 수강료(월)는 340페소이다. 아메리카(América) 팀의 유소년 축구교실은 6~17세를 대상으로 하고 등록비와 월 수강료는 각각 300페소이다. 크루스 아술(Cruz Azul) 팀은 13~23세로 등록비와 수강료가 100페소이다. 아틀란테(Atlante) 팀은 12~17세를 대상으로 하고 연회비는 500페소이다. 그리고 스타 축구선수였던 우고 산체스(Hugo Sanchez)가 세운 축구 학교는 6~12세를 대상으로 하고 등록비와 월 수강료 각각 300페소이다. 특히, 프로축구팀인 멕시코 국립대학교(UNAM)의 푸마스 팀은 유소년 푸마스 축구학교(Escuela de Fútbol Pumas Ultra Norte)를 멕시코시티 북부의 에카테펙이란 곳에 열고 있다. 30년의 역사를 가지고 있고 전국에 10곳의 축구학교를 가지고 있다. 등록비는 받지 않고 두 번의 교육은 무료이며 축구를 잘하는 경우, 장학금도 지급된다. 유소년 축구교실은 프로구단만이 운영하는 것이 아니라 일반 대학에서도 개설하고 있다. 예를 들어, 멕시코시티의 아나왁 델 노르테 대학교(Universidad Anahac del Norte)에서도 유소년 축구 교실을 열어 방과 후 아동들을 대상으로 공을 다루는 개인기를 가르치고 있다. 멕시코의 많은 대학들이 축구를 잘하는 청소년에게 장학금을 지급하고 있다.

멕시코 프로축구 리그

멕시코의 아마추어 축구 전국대회는 1921년에 시작되었다. 독립 100주년을 기념하여 열린 것이다. 프로축구는 총 10개의 팀들이 리그를 벌이며 1943년에 탄생했다. 10개의 팀은 멕시코시티의 아메리카(America), 에스파냐(España), 아스투리아스(Asturias), 아틀란테(Atlante), 마르테(Marte)와 과달라하라 시의 과달라하라(Guadalajara), 아틀라스(Atlas), 그리고 베라크루스 시의 아도(ADO), 베라크루스(Veracruz), 목테수마(Moctezuma)였다. 이 낭시 스타플레이어는 스페인과 아르헨티나 사람이었다. 과달라하라 팀(Guadalajara)만 빼고 모든 팀들이 외국인 선수를 너무 많이 가지고 있었다는 것이 아쉬운 점이다. 이에 따라 멕시코 축구협회는 팀당 4명의 외국인 선수를 둘 것으로 제한했다. 내국인으로만 구성된 과달라하라 팀은 1957년부터 1970년 사이에 8번이나 우승을 한 명문 팀이 되었다.

멕시코 프로축구는 3부 리그까지 있다. 1억 명의 인구가 있는 큰 나라라서 그런지 프로축구 1부 리그(Primera División)팀이 18개가 된다. 그리고 1부 리그는 세 개의 그룹으로 나뉜다. 멕시코는 북중미의 대표적 강호로서 올해의 남아공 월드컵에서도 지난번에 이어 8강에 진출하는 성적을 내고 있다. 1부 리그에도 17개 팀으로 구성된 마이너리그(La Liga de Ascenso)가 있다. 그리고 2부 리그는 팀이 70개가 되고 3부 리그는 183개가 된다. 2부 리그는 일 년에 960번의 시합을 가지고 3부 리그는 2,500번의 시합이 있다. 그리고 2009년 시즌에 20세 이하 리그와 17세 이하 리그가 설립되었다. 1부 리그의 경쟁방식을 보면, 1943년부터 1970년까지는 다른 대부분의 나라의 리그와 같이 리그 전체의 성적이 제일 우수한 팀이 우승팀이 되었다. 그러나 1970년

부터는 입장료 수입을 더 올리고 리그를 좀 더 경쟁력이 있게
하여 흥미를 북돋우기 위해 리그 방식이 바뀐다. 우선 18개 팀
이 하나의 리그에 속했던 것을 3개의 그룹으로 나누게 된다. 이
방식을 리그가 아니라 '리기야(Liguilla)'로 부르게 된다. 즉, 작
은 리그라는 의미이다. 각 그룹에서 최우수 2팀과 3, 4위 팀도
정한 뒤 토너먼트 방식으로 승패를 가른다. 그리하여 4강, 준결
승, 결승에 이른다. 비길 경우에는 리그 전체 성적으로 평가한
다. 결승전에서 비길 경우, 연장전과 승부차기로 승부를 가른다.
1970년 리그 최종 결승전은 아메리카와 톨루카 팀이 맞붙어 아
메리카가 우승을 하게 된다. 이 당시의 아메리카 팀은 이미 미
디어 재벌인 텔레비사(TeleVisa)가 구단주가 된 뒤였다. 70년대
에는 아메리카 팀 외에 크루스 아술(Cruz Azul) 팀과 멕시코 국
립대학 팀인 푸마스(Pumas)가 강팀이었다. '리기야' 방식으로
단 시간에 명문 팀이 육성되기도 했다. 예를 들어, 누에보레온
주립대학(UANL)의 티그레스(Tigres) 팀은 1967년에 창설되어
1974년에 1부 리그에 들어 불과 몇 년 만인 1977년에 우승팀이
되었다. 80년대는 아메리카 팀의 전성기였다. 1991년부터 세 번
의 시즌 동안 경기 참가횟수를 기준으로 실적이(이를 대중은 퍼
센트라고 부름) 최하위인 팀은 1부 리그에서 마이너리그로 강등
되게 된다. 이리하여 첫 번째로 시우닫 후아레스 시의 코브라스
(Cobras) 팀이 강등되는 불명예를 안게 되었다. 1996년부터 아르
헨티나 1부 리그를 본받아 일 년에 두 번의 정규리그를 가지게
되었다. 예를 들어, 겨울리그와 여름리그 식으로 진행되었다. 그

러나 2002년부터는 개막리그와 폐막리그로 부르게 되었다. 이 같은 새로운 리그 운영방식의 가장 큰 수혜자는 톨루카(Toluca)와 파추카(Pachuca) 팀이었다.

2010년 남아공 월드컵의 멕시코 대표팀 감독은 하비에르 아기레(Javier Aguirre)이고 주장은 현재 바르셀로나에서 뛰고 있는 라파엘 마르케스(Rafael Marquez)이다. 스타 선수들로는 노장인 콰테목 블랑코(Cuauhtémoc Blanco: 베라크루스Veracruz 소속), 왼쪽 공격수인 안드레스 과르다도(Andres Guardado: 스페인의 데포르티보 라 코루냐(Deportivo la Coruna 소속), 오른쪽 공격수인 지오바니 도스 산토스(Giovani Dos Santos: 터키의 갈라타사리 Galatasary 소속), 하비에르 에르난데스(Javier Hernandez: 영국의 맨체스터 유나이티드 소속), 카를로스 살시도(Carlos Salcido: 네덜란드의 에인트호벤 소속) 등이 있다. 포지션별 남아공 월드컵 국가대표 선수들 명단은 아래와 같다. 멕시코 국가대표팀의 역대 최고의 골잡이는 46골의 하렛 보르게티(Jared Borgetti)이다.

- 골키퍼: 코네호 페레스(Conejo Perez)
- 수비수: 파울 아길라르(Paul Aguilar), 마사 로드리게스(Maza Rodriguez), 리카르도 오소리오(Ricardo Osorio), 카를로스 살시도(Carlos Salcido)
- 미드필더: 라파엘 마르케스(Rafael Marquez), 에프라인 후아레스(Efrain Juarez), 헤라르도 토라도(Gerardo Torrado)
- 공격수: 카를로스 벨라(Carlos Vela), 지오바니 도스 산토스(Giovani Dos Santos), 길레 프랑코(Guille Franco)

멕시코가 FIFA에 가입한 것은 1929년이다. 월드컵에 처음 참가한 것은 1930년이었다. 그리고 월드컵 최고의 성적은 1970년과 1986년 4강에 진출한 것이다. 두 번 모두 자국에서 월드컵이 열렸던 때이다. 국제 경기 공식 데뷔는 1928년 암스테르담 올림픽에서였다. 최고의 골 차로 승리한 경기는 1987년의 바하마를 상대로 13대0이었고 최악의 결과는 1961년의 영국에게 8대0으로 진 것이었다. 올림픽에서는 자국에서 경기가 열렸던 1968년에 4위를 차지했다. 대표 구장이름은 멕시코시티의 아스테카(Azteca) 스타디움이다. 17세 이하 경기에서는 2005년 우승을 차지한 것이 최고의 성적이다.

멕시코팀은 다른 라틴아메리카의 팀들이 각각 고유한 칼라와 스타일이 뚜렷한 것과 달리 그다지 개성이 두드러지지 않는다. 그 이유에 대해서 여러 가지 이야기를 할 수 있겠지만 멕시코 국내에서의 축구열기에 비해 국제시합에서 뛰어난 실적을 올린 적이 별로 없기 때문인지도 모른다. 일부 사람들은 멕시코의 역사가 오랫동안 고통스럽고 희생이 많았던 까닭인지 멕시코인들 스스로 마음속으로 절망감이 깊어 조급한 마음에 즉각적인 성과를 올리려고 하기 때문이라고 한다. 다시 말해 당장의 성과에 상관없이 천천히 장점을 살리고 단점은 보완하는 전략보다는 모든 것을 다시 제로베이스에서 시작하려고 하기 때문이라고 한다. 그것은 아마도 일상생활에서 힘들고 어려운 대중이 축구에 대해 환상을 가지기 때문인지도 모른다. 이번 남아공 월드컵을 앞두고 멕시코의 유수의 주간지인 '프로세소(Proceso)'지가 가진 아기레 국가대표팀 감독과의 인터뷰에서도 아기레 감독은 대중의 지나친 기대가 너무 힘들다고 고백했다. 이에 대해 프로세소(Proceso)지 기자는 멕시코팀이 우수한 결과를 얻으면 마치 멕시코의 국가 부채가 줄어들고 매일 먹는 토르티아 맛이 더 맛있어지는 것으로 대중이 생각하는 것 같다고 코멘트를 하였다. 아기레 감독은 토너먼트 리그를 더 길게 가져가야 할 것이라고 지적했다. 짧은 토너먼트 리그는 텔레비전 회사만 좋은 일을 시킨다고 주장한다. 긴 호흡의 구단 운영의 팀의 예로 멕시코 축구명문 팀인 파추카(Pachuca)를 들고 있다. 이 팀은 12년 동안 10번 우승을 하였는데 그동안 6명의 감독이 팀을 이끌었으며 당장 성과가 안 좋아도 감독 경질을 자주 하지 않은 팀이라고 한다. 콜롬비아, 칠레, 아르헨티나와 달리 멕시코는 축구선수 노조가 없는 것도 장기적으로 멕시코의 축구실력의 약화를 초래한다고 아기레 감독은 말한다. 현재 멕시코는 3부 리그까지 합쳐 약 1만 명의 등록선수가 있는데 선수 노조의 구성은 대표팀 선수 약 23명을 제외한 나머지 9천 명이상의 선수들의 생활을 고려할 때 반드시 필요하다고 강조한다. 상당수는 한 달에 약 100불을 벌고 공을 살 돈도 없다고 한다. 미겔 에스파냐라는 선수가 "우리기 운동장에서 사자처럼 뛰기를 바라는데 구장 밖에서는 쥐처럼 대우한다"라고 하였다. 아기레 감독은 선수들에게 이렇게 충고한다. "사인을 원하는 팬들에게는 사인을 정성껏 해주어 즐거움을 주라고, 상당수 대중은 외진 곳에 있는 대표팀 선수촌(Centro de Alto Rendimiento)까지 걸어서 찾아오기도 한다.

축구팀 하나가 멕시코를 바꿀 수는 없지만 매일 힘들게 버스를 타고 다니며 길거리에서 젤라틴을 파는 사람들이 삶에의 용기를 가질 수 있도록 할 수는 있다"고 강조하면서…. 그래서 그런지 대부분의 프로축구팀에 선수들의 상담심리 전문가들이 배치되어 있다. 대표팀은 약 60일 정도 합숙훈련을 한다. 대표팀 감독 선임은 자주 바뀌는 편이다. 2001년 하비에르 아기레(Javier Aguirre), 2002년 아르헨티나의 리카르도 안토니오 라 볼페(Ricardo Antonio La Volpe), 2006년 멕시코 감독인 우고 산체스(Hugo Sanchez)에서 2008년 스웨덴의 스벤 고란 에릭손(Sven Goran Ericsson), 2009년부터 현재 멕시코인 감독 하비에르 아기레(Javier Aguirre)로 바뀌었다. 우고 산체스(Hugo Sanchez)는 5-3-2전법, 라 볼페(La Volpe)도 5-3-2전법이었고, 에릭손(Ericsson)은 전술 훈련보다는 체력 훈련에 치중하였다. 멕시코 축구 발전에 아르헨티나 출신 감독들이 기여한 바가 크다. 예를 들어 아르헨티나의 스타 감독이었던 메노티도 멕시코 프로팀의 감독을 맡아 특히 선수들의 심리적 부담감을 줄이고 자신감을 가지게 하는 데 큰 역할을 했다는 점이 흥미롭다. 멕시코와 아르헨티나는 스페인어를 쓰는 라틴아메리카 국가들의 리더국가로서 자부심을 둘러싸고 자존심 경쟁이 많았던 두 나라이다. 그런데 두 나라는 토착민과 혼혈인으로 주로 구성된 멕시코와 유럽이민의 후손들로 이루어진 아르헨티나로 서로 대중문화의 스타일과 개성이 매우 달라 서로를 잘 이해하지 못한다.

하비에르 아기레(Javier Aguirre) 현재 대표팀 감독은 별명이

'엘 바스코(El Vasco)'(바스크 지방 사람이란 뜻)인데, 그의 부모님이 스페인의 바스크 지방 출신이었기 때문이다. 아기레 감독은 축구에서 가장 중요한 것은 개인기 훈련으로 매일 볼을 다루는 기술을 훈련해야 한다고 강조한다. 두 번째는 전술훈련, 세 번째는 체력훈련이고 네 번째는 심리적응이라고 주장한다. 감독은 선수들의 심리적 요소에 세심한 배려를 해야 한다고 한다. 이번 월드컵에서 멕시코는 8강에서 더 나아가지는 못했다. 이 같은 성과에 대해 불만을 가진 네티즌들의 설문조사에 의하면 가장 큰 책임은 감독과 지휘부에 있다는 의견이 선수들에게 책임이 있다는 의견보다 많았다. 한편 멕시코팀의 강점은 강한 체력과 빠른 속공을 들 수 있다. 멕시코인들은 고지대에 많이 살고 있고 옛날 식민지시대부터 은 광산에서 은을 채굴하면서 지하에서부터 어깨로 광석을 나르던 조상들 덕분인지 강인한 체력을 가진 것 같다.

2010∼2011 시즌 진출 프로축구 1부 리그 18개 팀

팀명	연고지	우승횟수	유소년학교	비고
과달라하라 (Guadalajara)	과달라하라 (Guadalajara)	11	활발함	일명 치바스(Chivas)로 불림. 오직 멕시코 자국선수임.
아메리카 (America)	멕시코시티 (México D.F.)	10	활발함	텔레비사(TeleVisa)가 구단주임.
톨루카 (Toluca)	톨루카 (Toluca)	10		
크루스 아술 (Cruz Azul)	멕시코시티 (México D.F.)	8	활발함	
멕시코 국립대학 (UNAM)	멕시코시티 (México D.F.)	6	활발함	일명 푸마스(Pumas)로 불림.

파추카 (Pachuca)	파추카 (Pachuca)	5		
네카사 (Necaxa)	아과스 칼리엔테스 (Aguascalientes)	3		
아틀란테 (Atlante)	칸쿤 (Cancun)	3		
산토스 (Santos)	토레온 (Torreon)	3		
몬테레이 (Monterrrey)	몬테레이 (Monterrey)	3		
누에보 레온 주립대학 (UANL)	누에보 레온 (Nuevo Leon)	2		일명 티그레스(Tigres) 로 불림.
푸에블라 (Puebla)	푸에블라 (Puebla)	2		
아틀라스 (Atlas)	할리스코 (Jalisco)	1		
케레타로 (Queretaro)	케레타로 (Queretaro)			
산 루이스 (San Luis)	산 루이스 포토시 (San Luis Potosi)			
에스투디안테 (Estudiante)	사포판 (Zapopan)			
하과레스 (Jaguares)	치아파스 (Chiapas)			
모렐리아 (Morelia)	모렐리아 (Morelia)	1		

가장 팬들에게 인기가 많은 팀은 치바스(Chivas)로 불리는 과달라하라(Guadalajara)와 아메리카(América)이다. 멕시코의 방송 재벌인 텔레비사(TeleVisa)가 소유주인 아메리카(América)는 대중적으로 인기가 많은 팀이다. 1916년에 창설되었고, 1943년 프로리그 창설 시부터 현재까지 모든 리그에 참석한 유일한 클럽

팀이다. 국제경기에서 우승한 경력이 가장 많은 멕시코 팀이다. 1959년에 텔레비사(TeleVisa)가 팀을 매입하였고 브라질과 아르헨티나 등 외국의 우수선수를 많이 스카우트하는 전통을 가지고 있다. 반면에 치바스 팀은 외국인 선수를 쓰지 않고 자국 멕시코 선수들로만 구성된 자부심이 강한 팀이다.

멕시코 축구는 개인기가 뛰어난 축구가 아니다. 개인기보다는 조직력이 강한 팀이다. 예를 들어, 코노 수르(아이스크림 손잡이같이 라틴아메리카의 남쪽에 있는) 국가들인 브라질, 아르헨티나, 우루과이, 파라과이─이들은 또한 '남미공동시장(Mercosur)'의 회원국들이기도 한데─등보다 개인기가 떨어진다. 그러나 키는 작지만 체력은 강한 편이다. 대체로 멕시코 남자들은 우리보다 키가 작다. 우리가 두부와 고추를 좋아하듯이 멕시코인들도 콩(Frijol)을 좋아하고 고추를 거의 매 끼 먹는데 그래서인지 체력이 강하다. 아무튼 마야와 아스테카 등 원주민 문명이 강한 힘을 가졌고, 그 세력이 억압되고 주변화되고 혼혈인 메스티소가 국민의 대부분을 이루는 멕시코는 이탈리아, 스페인 등 유럽으로부터의 이민으로 형성된 아르헨티나, 우루과이 등과는 문화적 개성이 다르다. 멕시코는 이미 1910년에 멕시코 혁명이 일어난 나라이다. 1810년의 독립 이후에도 정치적, 사회적 갈등과 혼란이 극심해 유혈 충돌이 많았던 나라이다. 그리하여 멕시코의 지배세력은 민족주의 또는 국가주의를 통해 국가의 통합을 추구하게 된다. 축구도 그 하나의 수단임은 물론이다. 중앙무대의 정치인들도 축구를 통한 대중적 이미지를 이용하기도 한다.

예를 들어, 전직 대통령인 에르네스토 세디요는 프로축구팀 네카사(Necaxa)의 광팬이다.

늙지 않는 골게터 콰테목 블랑코

베테랑 선수로 인기가 많은 선수는 콰테목 블랑코가 있다. 그의 별명은 '테모(Temo)'이다. 물론 그는 나이가 많아 경쟁력이 없어 현재는 대표팀에 발탁되지도 않는다. 그는 키가 1m77밖에 안 되지만 올해 나이 38세인데도 1부 리그 마이너리그의 이라푸아토(Irapuato) 팀의 현역으로 뛰었다. 현재는 미국의 프로축구 시카고 파이어 팀에서 뛰고 있다. 그는 멕시코시티 변두리의 가난한 동네에서 태어났고, 아메리카 팀의 스카우터의 눈에 들어 아메리카 팀의 아마추어 팀에서 축구를 시작하게 된다. 첫 월급으로 그는 어머니를 위해 케이크를 선물했다. 그는 1992년에 명문팀인 아메리카(América)에서 데뷔했다. 그는 오랫동안 대표팀의 화려한 공격수였다. 국가대표로서 뛴 시절에 골을 넣은 기록은 39개이다. 그는 최근 15년간의 멕시코 선수 중 최고의 공격수로 인정받고 있다. 스페인의 프로팀인 레알 바야돌릿(Real Valladolid)에서 뛰기도 했다. 그 당시 에피소드로는, 2001년 마드리드에 있는 유명한 구장인 산티아고 베르나베우(Santiago Bernabeu)에서 최고 팀이라고 할 수 있는 레알 마드리드(Real Madrid)와 붙었는데 한 골을 넣어 그 시합이 비기게 되었다. 그런데 이로써 자기 팀의 선수들이 자신들이 질 거라고 예상한 데에 걸었다가 4백만 달러를 잃게 하여 많은 사람들의 관심을 모으기도 했다. 이렇게 어느 팀의 승패를 미리 점치는 복권을 키니엘라(Quiniela)라고 한다. 그는 1998년 프랑스 월드컵, 2002년 한·일 월드컵, 2010년 남아공 월드컵에서도 연속해서 한 골씩을 넣은 유일한 멕시코 선수이다. 그가 2006년 뮌헨 월드컵 때 대표팀에 차출되지 않은 것을 두고 멕시코 대중사회에서 큰 화제가 되기도 했다. 멕시코 대중 연예오락 주간지에 자주 그에 대한 기사가 실린다. 2008년 대표팀 은퇴를 선언했다가 며칠 뒤에 곧 후회하기도 했다. 2009년에 현재의 감독인 아기레(Aguirre)에 의해 다시 차출되었다. 그는 FIFA 컨페더레이션컵 국제대회에서 브라질의 호나우지뉴와 함께 9골로 수위를 차지하였다. 그의 별명은 테모(Temo), 또는 백상어라고 부른다.

'미초아깐의 황제, 라파' 라파엘 마르께스

2010년 남아공 월드컵에 출전한 멕시코 팀의 핵심적 중앙 주비수는 스페인의 바르셀로니 팀에서 뛰던 라파엘 마르케스 알바레스이다. 그는 '카탈루냐의 왕자'라는 별명도 가지고 있다. 그는 최근 미국 프로축구팀인 뉴욕 레드 불스 팀에 스카우트되었다. 그는 멕시코 중부지방인 미초아칸 주의 사모라 데 이달고에서 1979년에 태어났다. 그는 처음에 멕시코 국립대학의 푸마스 팀에서 두 시즌을 뛴 경험이 있다. 그러나 그는 이 팀에서 계속해서 벤치를 지키다가 마이너 팀에서 뛰는 게 고작이었다. 그리하여 푸마스를 떠나 할리스코 주의 아틀라스(Atlas) 팀에 입단하면서 정식으로 데뷔한다. 이때 그의 나이는 17세였다. 2년 전 푸마스 팀에 들어갔을 때를 고려하면 그는 푸마스 팀의 유소년 프로그램의 덕을 본 것이다. 99년 여름시즌 당시 아틀라스 팀의 감독은 나중에 멕시코 국가대표팀의 감독이 된 아르헨티나 출신 라 볼페 감독이었다. 아틀라스는 맹활약을 한 마르케스 외에도 주로 나이 어린 선수들로 구성되어 결국 결승전에서 톨루카와 맞붙게 된다. 그러나 파라과이 출신 감독이 이끈 톨루카에 패배하여 준우승에 머문다. 이 경기 후 마르케스는 국가대표팀에 차출되어 파라과이에서 열린 아메리카컵 대회에 나간다. 그리고 이 국제 경기 후 그는 나이 20세에 프랑스 프로축구 AS 모나코팀에 600만 불을 받고 스카우트된다. 그가 프랑스 프로축구에 데뷔한 첫해에 모나코는 프랑스 리그 우승팀이 된다. 특히 그는 이상적인 중앙수비수로 부각된다. 결국 그는 유럽 축구계에 이름이 알려져 2003년에 스페인의 FC 바르셀로나 팀에 가게 된다. 처음의 적응과정을 거친 후에 그는 2004년 시즌부터 정규 멤버로 뛰게 되고 주 포지션인 중앙수비수에서 가끔 중앙공격수로 나서기도 한다. 2005년 바르셀로나가 스페인 리그 우승팀이 되는 데 기여하게 된다. 독일 월드컵 이후 그는 바르셀로나와 2010년까지 3천8백만 불에 재계약하게 된다. 2006년에 그는 스페인 국적을 취득한다. 2008년 바르셀로나 유니폼을 입고 200

번째 경기를 레알 마드리드 팀과 가진다. 2009년 그는 부상으로 직접 뛰지는 못했지만 바르셀로나는 맨체스터 유나이티드를 물리치고 유럽 대륙간컵(UEFA) 우승컵을 차지한다. 이 해에 바르셀로나는 스페인 리그 및 국왕컵 대회 우승까지 차지한다. 그는 바르셀로나에 적을 두고 있을 동안 스토이치코프 이후 두 번째로 우승을 많이 한 외국선수로 기억 되었다. 2010년 7월 말 많은 사람들이 축하해 주는 은퇴식을 마친 뒤에 2010년 8월 그는 뉴욕의 레드 불스 팀으로 이적한다. 1997년 국가대표 선수가 된 뒤, 그는 '엘 뜨리'의 가장 중요한 선수들 중의 하나가 되어 팀의 주장이 된다. 2006년 독일 월드컵 8강전에서 아르헨티나를 상대로 골을 넣고 2010년 남아공 월드컵에서 남아공을 상대로 개막전 골을 터뜨리기도 했다. 그는 2002년 한일 월드컵 이후 세 번의 월드컵 경기를 멕시코 팀의 주장으로 참가하였다. 그는 2005년 '라파 마르케스 축구 클리닉'을 열어 멕시코 전국에서 약 600명의 유소년들에게 축구를 가르쳤다. 이 당시 그는 멕시코 곳곳에 매우 가난한 어린이들이 많다는 것을 인식하고 '라파 마르케스 재단'을 만들어 멕시코의 가난한 동네의 어린이들에게 식품, 교육, 스포츠를 베푸는 사회발전 활동을 펼치게 된다. 이를 통해 청소년들이 마약, 일코올에 중독되는 것을 예방하는 활동을 한다. 상기재단의 홈페이지에서는 마르케스의 이름이 들어간 바르셀로나 팀 유니폼과 모자 등을 온라인 판매하기도 한다. 그리고 미국에는 수백만의 멕시코 노동자들이 합법, 불법으로 이주하여 돈을 벌고 있다. 이들로 하여금 조국의 가난한 유소년들을 위한 활동에 기부할 것을 장려하기도 한다. 그의 재단을 바르셀로나 팀, 과달라하라 대학교, 미국의 콘플레이크 업체인 켈로그 등이 후원하고 있다.

대중의 위안과 즐거움으로서의 축구

멕시코 민영 텔레비전 방송국인 테베 아스테카(TV Azteca)와 텔레비사(TeleVisa)는 거인급이다. 멕시코는 물론이고 라틴아메리카 전역과 미국의 히스패닉을 상대로 특히 연속극 수출의 강자이다. 이 중에서도 텔레비사(TeleVisa)는 50년대부터 멕시코 축구의 명문팀인 아메리카 팀의 구단주이고 네카사(Necaxa) 팀의 일부 지분도 가지고 있다. 다시 말해 대중매체인 미디어 기업이 프로축구에 직접적으로 투자하고 개입하는 것이 멕시코 축구의 특징이다. 또한 테베 아스테카의 한 밤중에 하는 축구 해설 프로그램인 "주인공들(Protagonistas)"이란 프로도 대중의 인기를 한 몸에 받고 있다. 이 프로를 오랫동안 진행한 호세 라몬 페르난데스는 연예인 못지않은 인기를 가지고 있다. 최근 남아공 월드컵에서 돌아온 호세 라몬은 멕시코 축구의 발전에 지나친 미디어 기업의 개입이 역효과를 내고 있다고 비판하고 있다. 그는 멕시코 대표팀이 기대한 것만큼 성적을 올리지 못했어도 협회 간부들이나 프로구단의 구단주들이 아무 일도 없었다는 듯이 지내는 모습이 슬프다고 언급했다. 그들은 오직 권력과 돈 버는 일에만 관심이 있을 뿐이라는 호세 라몬의 지적은 멕시코의 많은 대중이 공감한다. 그는 '텔레비사(TeleVisa)'와 같은 대형 텔레비전 방송 등 멕시코 축구를 주무르는 세력에 대해 반기를 들자고 강조한다. 미디어의 전폭적 지원에 힘입는 멕시코 축구의 맥락은 선수들로 하여금 텔레비전에 자주 나오는 것에만 관심을 가지게 만들기 때문이다. 축구 지도부는 4년마다 한 번씩 찾아오는 멕시코 대중의 대표팀에 대한 뜨거운 기대를 오직 돈으로 환산하기만 바쁜 세력이라고 비판한다. 기득권 세력으로부터 독립된 위원회가 대표선수 선발위원회를 만들고 스포츠 행정부처는 젊고 유능한 선수들이 프로축구팀에 들어갈 수 있는 기획안을 만들도록 요구하고 있다. 멕시코 축구팀들의 감독 등 지도부가 축구를 제대로 연구하지 않고 축구에 대해 잘 모르는 사람들임을 인식시키자고 강하게 비판하였다. 특히 외국인 선수가 너무 많은 것이 멕시코 축구를 발전시키지 못한다고 비판하고 각 팀에 3명 이내로 줄이자고 제안하기도 했다. 이 텔레비전프로에는 왕년의 스타선수인 아메리카 팀의 루이스 가르시아도 진행자로 나온다. 매일 축구에 대한 소식과 해설을 보내고 있는데 한 사람이 진행하는 것이 아니라 5~6명이 나와 차례로 발언하지도 않는다. 동시에 여럿이 시끄럽게 아니면 무질서하게 서로 손짓 발짓하면서 이야기하는 모습이 인상적이다. 주말이면 쇼핑센터 등에서 텔레비전에서 보여주는 축구중계에 많은 대중이 시선을 꽂는 모습을 흔히 볼 수 있다.

시합 전과 전반전이 끝나고 난 하프타임 시간에 치어리더들의 쇼도 볼만하다. 치어리더 하면 미국의 프로 미식축구가 연상되기도 하는데 그에 못지않게 비키니 옷차림으로 흥겨운 음악과 함께 육감적인 율동을 보여준다. 예를 들어, 톨루카(Toluca) 팀은 '붉은 악마'의 별명을 가지고 있는데 치어리더들이 머리에 붉은 악마의 뿔을 달고 섹시한 춤을 추기도 한다. 그리고 몬테레이시에 있는 누에보 레온 대학교(UANL)의 축구팀은 별명으로 '티그레스(Tigres)'라고 한다. 코카콜라, 멕시코 맥주회사의 솔(Sol) 또는 카르타 블랑카(Carta Blanca) 등의 선전문구가 쓰인 서부 사나이의 비키니 옷차림으로 춤을 추기도 한다. 이외에 미국의 다국적 기업 '홈 데포'와 멕시코의 거대 제빵기업인 빔보(Bimbo)의 로고 등을 가슴에 달고 관객의 흥을 북돋우는 서비스와 상업적 광고수익을 함께 노린다. 이들을 '포리스타스(Porristas)'라고 부르는데 이들 전문직 여성과 자기가 좋아하는 팀의 유니폼을 입고 나온 섹시한 아마추어 여성 팬들이 서로 몸매 경쟁을 한다. 마이너리그 팀과 팀 성적이 안 좋은 팀들도 치어리더를 최대한 활용한다. 이런 치어리더를 양성하는 학교가 2000년에 멕시코 북부 코아우일라 주의 몽클로바에 세워지기도 하였다. 이 학교에서는 축구만이 아니라 프로야구에도 치어리더를 배출한다.

이번 2010 남아공 월드컵을 계기로 크라이슬러 자동차 회사는 멕시코 축구팀의 선전을 기원하는 최대한 많은 문자 메시지를 보내는 사람을 뽑아 남아공 비행기 왕복권을 제공했다. 당첨자는 오스카 곤살레스였다. 그는 약 7,000개의 메시지를 보냈다. 그가 멕시코시티의 베니토 화레스 국제공항의 입국장을 통과하

는 모습이 텔레비전에 비치면서 크라이슬러의 광고효과는 극대
화된다. 멕시코에는 공영 텔레비전 방송이 없고 공중파 민영 채
널 두 개(테베 아스테카, 텔레비사)만 있다. 물론 케이블TV 채널
이 많다. 그런데 테베 아스테카(TV Azteca)의 경우, 토요일과 일
요일 일반 뉴스를 내보내지 않고 토요일 오후에는 축구경기를
중계 방송한다.

일요일 밤 10시에는 스포츠 뉴스프로그램이 있다. 평일에는
일반 뉴스를 새벽 6시에 방영하고 저녁에는 8시 반부터 10시 반
까지 두 개의 연속극을 방영하고 밤 10시 반에 일반뉴스를 방송
한다. 그리고 밤 11시에 "주인공들(Protagonistas)"이란 이름의 축
구전문 뉴스를 30분간 방영한다. 일반 시민으로 하여금 복잡한
사회문제를 잊고 축구를 시청하는 즐거움을 가지라는 이야기다.
멕시코는 오래전부터 토요일은 휴무였다. 그리고 노동자들의
월급은 주급으로 지불하는 곳이 많아 금요일에 임금을 받게 되
면 토요일에는 맥주와 쇠고기를 사서 가끔 숯불에 구워먹는다.
그러면서 텔레비전으로 토요일 오후의 축구중계를 구경하는 것
이 대중의 최대의 즐거움이다. 슈퍼마켓에 가면 고기를 굽기 위
한 목탄 등을 많이 판다. 아니면 술을 안 마시더라도 과자와 음
료수를 사서 가족들, 친구들과 함께 오후의 한가함을 즐기며 축
구중계를 시청한다. 특히 흥미로운 것은 쇼핑센터 안에 설치한
텔레비전에서 축구중계를 하는 토요일 주말에는 청장년의 남자
들이 TV 수상기 앞에 말없이 모여서서 오랫동안 축구중계를 구
경한다는 것이다.

쇼핑센터 안에서 대중이 축구 중계를 텔레비전으로 즐기는 모습. 오준승ⓒ

국가와 지역을 통합시키는 축구

멕시코는 지역에 따른 개성이 강한 나라이다. 각 지역의 프로 축구는 각 지역을 통합시키는 기제로서 작동된다. 특히 멕시코 중앙부의 도시들에서 그렇다. 멕시코시티를 포함한 과달라하라 주, 과나화토 주 등이 포진한 중앙부는 정치, 경제, 사회, 문화적으로 멕시코를 주도적으로 이끌어가기 때문이다. 멕시코는 북부, 중부, 남부의 세 나라가 있다는 말이 있을 정도로 서로 다른 다양한 문화를 가지고 있다. 미국과의 국경지대로써 마킬라도

라라 불리는 수출용 공장이 많은 북부는 야구가 축구 못지않게 인기가 많은 스포츠이다. 반면에 원주민들이 많이 사는 남부는 그만큼 근대적 상업화, 산업화가 덜 된 지역이라 그런지 축구의 수준이 중부만큼 되지 못한다. 축구하면 떠오르는 게 강렬한 재미와 에너지 못지않게 어느 나라나 '국가주의, 애국주의'를 고양하는 대표적인 스포츠이다. 그런 점에서 축구야말로 가장 근대 국가체제와 밀접한 관련을 가진다. 멕시코인들은 자신들의 국가에 대해 유난히 자부심을 자주 표현한다. 멕시코시티의 중심부인 소칼로 광장에는 상상을 초월하는 초대형의 멕시코 국기가 걸려 있기도 하다. 그래서인지 다른 라틴아메리카 국가들과 축구 스타일도 다르고 축구 팬들의 감성적 성향도 다른 것 같다. 특히 멕시코와 아르헨티나는 국가의 자부심도 걸려서인지 라이벌 의식이 강하다. 남성우월주의의 이미지에다가 최근에는 마약단 등에 의한 폭력적 이미지가 멕시코의 부정적인 이미지를 강화시키는 것 같다. 한 도시 안에도 서로 다른 팀이 있어 각각의 지지하는 팬끼리 라이벌 의식을 표현하는 것도 재미있다. 예를 들어, 몬테레이(Monterrey) 시의 경우, 티그레스(Tigres)와 몬테레이(Monterrey) 팀이 있어 자신들의 자동차의 뒤 장문에 팀 스티커를 붙이기나 작은 깃발을 꽂고 다니며 지지하는 팀을 밝히고 있다. 또한 흥미로운 것은 비즈니스로서도 중요한 사업이 각 프로축구팀의 유니폼을 파는 가게가 어느 도시나 잘나가는 사업이란 점이다. 멕시코에 사는 한국 교민도 이 축구 유니폼 가게를 열고 있는 사람들이 많다. 가난한 청소년들이 돈이 생기면 가장 사고 싶은 게 휴대전화와 이 유니폼이다. 자기가 좋아하는 유니폼을 입고 여자친구와 데이트를 하면서 자랑스러워하는 청소년들의 모습을 쉽게 볼 수 있다. 다문화적인 사회인 멕시코는 갈수록 다양성이 더 커지고 있다. 주류문화와 비주류문화의 차이가 큰 나라가 멕시코이다. 예를 들어, 1910년에 터진 멕시코혁명의 영웅 중의 한 명으로 주로 중부와 남부지방에서 활약했던 에밀리아노 사파타를 기리는 사파티스타 민족해방군(EZLN) 운동이 1994년 1월 1일에 남부의 치아파스 주에서 시작되었다. 치아파스 주의 외진 밀림으로 들어가 그곳에서 공동체주의적 원주민문화의 보존과 신자유주의 체제 반대를 목표로 다양한 활동을 벌이고 있다. 지도자는 마르코스 부사령관으로 유명하고 인터넷을 통해 철학적 비판 담론을 펼치고 있다. 치아파스 주의 대표 프로축구팀은 하과레스(Jaguares, 쟈가)이다. 이 팀은 치아파스 주에 사는 대부분의 원주민 출신의 가난한 사람들에게 공동체를 통합시키는 상징으로 기능하고 있다. 치아파스 주는 주민들의 이익을 대표하는 정치세력이 분열되어 두 명의 주지사가 존재하는 식으로 통합과는 거리가 먼 정치적으로 매우 불안정한 지역이었다. 문맹, 실업, 교통과 통신시설의 부족, 의료시설의 부족, 가난 등이 치아파스 주를 상징하는 단어들이었다. 게다가 사파티스타 운동이 전 세계 언론의 스포트라이트를 받으면서 치아파스 주의 현실을 해석하는 시각은 더욱 단순해지고 이분법적이 되어갔다. 억압받는 원주민들과 지배하는 목장주들로. 이런 상황에서 치아파스 주의 주민들의 자존감은 많이 상실되어갔고 현실 변혁의 희망도 줄어들고 통합력이 사라지고 파편화되어 갔다. 식민지 시대부터 치아파스 지역은 멕시코를 관할하던 누에바 에스파냐 부왕령과 과테말라 자치령의 영향을 받던 변경지역이었다. 1910년에 터진 멕시코 혁명에 대해서도 치아파스의 자치권을 방해하는 중앙세력의 움직임으로 해석했기 때문에 지주세력과 농민세력 모두 적대감을 가지고 있었다. 이런 맥락은 후에 멕시코 혁명의 정치적 성과로 이루어지는 사회, 토지 개혁의 흐름에 치아파스 주는 소외되는 결과를 낳았다. 이처럼 파편화된 치아파스 지역사회에 2002년부터 시작된 하가레스 프로축구팀은 치아파스의 상징으로 부각되게 된다. 멕시코 프로축구는 팀별로 연고지를 쉽게 바꿀 수 있게 하고 있다. 예를 들어 멕시코에서 가장 역사가 오랜 팀 중의 하나인 마이너리그에 있던 이라푸아토(Irapuato) 팀은 베라크루스로 옮겨가 그곳에서 "붉은 상어(Tiburones Rojos)" 팀이 된다. 이 팀은 2002년에 마이너리그 우승팀이 된다. 그래서 이 팀은 1부 리그로 승격됨으로써 원래 그곳에 있던 팀과 베라크루스에 같은 이름의 팀이 두 개가 있게 되어 한 팀 자리가 남게 되었다. 그리하여 2002년에 치아파스의 투스틀라 구티에레스 시에 연고지를 두는 하과레스(Jaguares) 팀이 생기게 된다. 이 팀의 전용구장 이름은 치아파스 지역에서 체육교사로 존경받던 빅토르 마누엘 레이나의 이름을 따서 "소케 빅토르 마누엘 레이나" 스타디움으로 불린다. 앞의 단어 '소케'는 이 도시 투스틀라 구티에레스 시의 식민지 시기 이전에 살던 종족의 이름이다. 2002년 8

월의 개장기념 첫 경기에서 하과레스 팀은 과달라하라 시의 치바스 팀과 격돌하게 되었는데 처음으로 이 도시에 주로 청소년들이 주축인 시민들이 그동안 좋아하던 치바스 팀의 유니폼에 하과레스(샤가의 스페인어 발음)의 이미지를 넣은 시민들과 새로운 하과레스 유니폼을 입은 시민들이 함께 열광하며 거리를 달리는 모습이 등장하게 된다. 경기시작 전부터 구장은 인파로 가득차고 두 팀의 깃발은 정신없이 흔들리게 된다. 이런 모습이 이 도시에서 처음이었다. 하과레스 팀의 유니폼 색깔은 오렌지색인데 그 이유는 투스틀라 구티에레스 시에 흔한 나무인 훌람보야네스의 꽃 색깔이기 때문이다. 하과레스 선수들이 운동장에 들어서자마자 스타디움의 시민들은 치아파스 주의 노래를 부르기 시작했다. 노래 가사를 한번 옮겨 보자.

"동포들이여, 치아파스여 일어나라/영원한 평화의 올리브를/그리고 거인의 발자국으로 앞으로 나아가자/영광의 길로 걸어서, 승리를 향해/이제 괴로움과 불안은 그만 멈추어라/슬픈 고통의 시간들도/조용한 시간이 돌아오라/행복한 미래를 약속하는/미워하는 복수는 중단하고/분노는 영원히 끝나기를/우리의 아름다운 희망이 열리기를/오직 하나, 우리의 사랑을"

분열되어 있던 치아파스 주민들이 하나로 합치는 집단적 자존감의 회복의 순간이었다. 치아파스 지방에 축구가 소개되었던 시기는 다른 근대적 스포츠 종목인 복싱, 사이클, 야구와 함께 1905년이었다. 1940~50년대에 축구가 활발히 소개되었고

1980년부터는 프로축구 2부와 3부 리그가 치아파스에 도입되었다. 특히 치아파스와 국경을 맞대고 있는 과테말라와는 마을의 축제와 함께 축구경기를 통해 서로 가까워지고 이해를 높이는 계기가 되었다. 흥미로운 것은 사파티스타 반군이 이탈리아의 인터밀란과 친선경기를 개최하기도 하였는데 이런 일이 가능한 것도 치아파스 지역에 널리 퍼진 축구 열기 때문이었을 것이다. 그러다 2002년에 하가레스 팀이 치아파스를 찾으면서 축구가 텔레비전 방영을 통해 치아파스 전체 주민의 스포츠로 전환되게 된다. 축구는 다른 스포츠와 달리 주민을 하나로 뭉치게 하는 상징이기 때문이다. 눈에 안 보이는 문화적 상징이 아니라 육체로 감응하게 하는 상징이므로 그 영향력이 막강한 것이다. 치아파스는 종교적으로는 가톨릭, 정치적으로는 오랫동안 지배 여당이었던 제도혁명당(PRI)당이 독점하는 단일성을 보인다. 그러나 실제로, 사회, 문화적으로는 많은 다양성을 가지고 있었다. 언어도 다양했고 특히 경제발전정도가 지역에 따라 매우 불균형했다. 그러다가 90년대 들어 여당의 정치적 독점이 깨지면서 사회적 파편화는 가속화되었다. 자생적인 사회운동단체가 많은 지역이 치아파스이다. 치아파스 지방에 근대화, 즉 도시화는 1970년에 시작되었다. 21세기에 들어와 치아파스에 들어온 프로축구가 과거에 종교와 정치가 하던 주민 통합의 상징적 기능을 대신하게 된다.

또한 멕시코 국립대학(UNAM)의 프로축구팀인 푸마스(Pumas)에 대한 멕시코의 젊은 청소년들의 일체감도 주목되고 있다. 하가레스 팀이 지역을 통합시켰다면 이 팀 푸마스는 젊은 청소년들을 통합시키는 셈이다. 이 팀은 멕시코시티에 연고지가 있어 같은 멕시코시티를 연고지로 하는 부자구단 아메리카와 라이벌 관계를 가지고 있다. 멕시코 국립대학은 멕시코 최고의 대학일 뿐만 아니라 라틴아메리카 전체를 통틀어서도 뛰어난 학문의 전당이다. 그리고 이 대학은 멕시코 진보정신의 산실이다. 이 팀의 훈련장도 생태적 설계로 이루어졌고 태양에너지를 이용하고 있다. 이 팀의 추종자들(Porra)은 멕시코시티만이 아니라 전국에 걸쳐서 퍼져 있다. 90년대에 들어와 본격화된 신자유주의 체제는 멕시코 사회에 개별적 파편화를 통해 사회적 진공상태를 만들었다. 이에 저항하는 집단적 주체들 중의 하나가 프로축구팀 푸마스(Pumas)에 대한 애정을 통해 출현하고 있는 것이다. 이 팀의 소유주인 멕시코 국립대학이 신자유주의 반대의 이데올로기적 거점인 것과도 관계가 있을 것이다. 이들은 노래와 구호, 몸동작 등 자유로운 방식으로 푸마스(Pumas)에 대한 애정을 표출한다. 푸마스(Pumas)와 다른 팀의 축구시합을 멕시코사회의 보수주의와 전통적인 연고주의에 대한 진보적·반항적 저항으로 상징화시키고 있다. 그 상징적인 단어는 무질서와 혼란의 의미를 가지는 데스마드레(desmadre)이다. 멕시코 정치지형 전체의 긴장감과도 연계될 수 있다. 진보적, 반항적 의미의 푸마스(Pumas) 팀의 팬들은 기존의 팬클럽에서 다시 분화되어 '반항자들(la Rebelde)'로 불리기도 한다. 이 같은 맥락의 해석이 가능한 것은 멕시코가 라틴아메리카에서도 유난히 사회적 불평등이 심하고 문화적으로 다양한 나라이기 때문이다. 청소년들도 사회의 주류적 흐름에서 소외감을 느끼는 정도가 심한 편이다.

가난한 이들의 꿈으로서의 축구

멕시코만이 아니라 라틴아메리카의 축구선수들 중에는 가난한 가정의 출신이 많다. 현재의 멕시코 국가대표팀에 카를로스 살시도(Carlos Salcido)라는 선수가 있다. 가난한 어린 시절을 딛고 축구를 통해 꿈을 이룬 대표적인 선수라고 할 수 있다. 그는 현재 네덜란드의 에인트호벤 축구팀 소속이다. 그는 청소년 시절에 세 번이나 불법으로 미국국경을 넘으려고 했다. 그 시도가 실패해서 다시 멕시코로 보내진 경험을 가지고 있다. 멕시코에서는 가난한 청장년 중에 이런 경험을 한 경우가 매우 흔하다. 그 중에는 잠시 미국에서 살았다가 단속에 걸려 추방된 경우에 전에 살았던 미국에서의 생활이야기를 자랑스럽게 들려주는 사람들도 많고 당연히 영어도 꽤 잘하곤 한다. 그리고 많지는 않지만 간혹 마약 흡입의 경험이 있던 사람들도 있다. 그는 우연히 20세에 축구에 발을 들여놓음으로써 아메리칸 드림을 멕시칸 드림으로 바꾸었고 그로부터 10년 뒤 현재, 멕시코 국가대표팀의 스타로서의 실력을 이번 월드컵에서도 발휘했다. 그는 처음에 멕시코 프로축구 1부 리그의 마이너리그(Primera A) 가요스(Gallos) 팀(아과스 칼리엔테스(Aguascalientes)가 연고지)에 데뷔한 바 있다. 그가 20세에 축구에 입문하기 전에는 물론 어릴 때부터 동네에서 친구들과 무수히 많은 축구시합(cascaritas)을 즐겼지만, 한 번도 하위리그의 공식경기에 참가했던 적이 없다. 그가 축구에 인연을 닿게 된 계기는 과달라하라 시에서 목공소의 조수로 일하다가 퇴근했을 때 과달라하라 시의 대표 축구팀이고 멕시코 프로축구의 일류 팀인 치바스 라야다스(Chivas Rayadas)가 새로운 축구인재의 탐색 가능성을 찾는 테스트 시합에 다른 10명의 친구들이 그를 초대했기 때문이다. 그때까지도 그는 자기가 축구 선수가 되리라고는 생각한 적이 없었다. 그를 초대한 이유도 마침 한 명이 부족해서 친구들이 그에게 제안했기 때문이다. 그는 거짓말로 축구팀 경력이 있다고 하고 뛰었는데 그날 유일하게 스카우터의 눈에 들었다. 스무 살이면 보통 축구선수로서 어느 팀이든 소속되었을 나이였다. 그로부터 6년 뒤에는 네덜란드의 에인트호벤에서 중앙 수비수로 뛰게 되었다. 그는 "꿈과 같았다. 나는 한 번도 멕시코를 떠나본 적이 없다. 일거리(chamba)를 찾아 불법으로 캘리포니아로 갔던 경험을 빼고"라고 했다. 최근 남아공 월드컵에서 멕시코 팀이 폴로케인(Polokwane) 경기장에서 프랑스를 이기고 난 뒤 기자인터뷰에서 말했다. 어렸을 때 어머니를 잃고 15살에 인근 대도시인 과달라하라 시로 무작정 가출하기도 했다. 거기에서 그는 외국인 투자 공장과 목공소에서 일했다. 행운의 여신이 그를 찾아올 때까지. 그는 2001년에 1부 리그 과달라하라 팀에 들어갔으며, 2003년에 국가대표팀에 발탁되었고 2005년에는 피파(FIFA)의 통계에 의

하면 세계에서 가장 경기장에서 많이 뛴 선수로 꼽히기도 했다. 그의 강인한 수비능력과 뛰어난 개인기는 2006년에 유럽 팀으로의 진출을 가능하게 했다. 그는 국가대표 팀에서 좌측 수비수로서 뛰어난 공격능력을 보여주고 있다. 그는 현재 연봉 3천5백만 유로를 받고 있다. 이 정도의 연봉은 바르셀로나에서 뛰고 있는 멕시코 팀의 주장선수 라파엘 마르케스의 4천9백만 유로 다음으로 많은 액수다. 가난한 이들은 특별히 신분상승을 할 수 있는 기회가 별로 없다. 교육을 통한 신분상승의 체험이 희박해서 그런지 가난한 사람들이 그들의 자녀들을 열심히 교육시키는 일도 드문 편이다. 필자가 오랫동안 멕시코에 살면서 쉽게 볼 수 있던 모습 중에 두 가지가 기억에 남는다. 하나는 의외로 여자들이 남자들의 억압하에 살고 있다는 점이다. 예를 들어, 가정의 살림살이를 돕기 위해 주부들이 식당 등에 취직하려고 해도 남편이 동행해서 허락을 받아야 한다든지 퇴근 후에는 일터의 출입문 부근에 남편이 와서 기다리는 경우를 자주 보았다. 또 한 가지 흥미로운 것은 가난한 사람들이 가격이 상당히 나가는 복권을 자주 사서 그것에 일말의 기적을 바라는 사람들이 많다는 점이다. 복권에 처음 돈을 건 사람들은 르네상스 시기의 이딸리아 사람들이었다고 한다. 멕시코인들은 수탉싸움에 돈을 걸기도 한다. 멕시코 곳곳에는 타로 점을 치는 곳도 매우 많다. 멕시코의 가톨릭교회는 대부분의 라틴아메리카의 경우와 같이, 성인 숭배의 전통이 강하다. 멕시코의 가난한 사람들의 수호성인은 성 유다 타대오 성인이다(예수님을 배반한 유다가 아님).

머리에 빨간색 성령의 불이 마치 뿔처럼 나 있는 성인이다. 아주 가난한 사람들이 소원을 간절히 빌면 들어준다는 믿음이 있다. 카를로스 살시도는 당당하게 축구를 통해 가난을 벗어난 것이다. ⚽

너는 우슨 구단을 응원하니?

파라과이의 축구와 일상

구경모

파라과이 축구와 응원문화

파라과이에서 처음 만나는 사람들은 이름을 물은 후 곧장 하는 질문이 있다. 그것은 "너는 무슨 구단을 응원하니(Qué club tienes)?"라는 말이다. 이 말은 "어떤 구단을 좋아하니"와 같은 뜻이다. 질문과 동시에 서로 같은 구단을 응원하는 사람인가를 확인하는 순간은 처음 보는 사람일지라도 가장 친한 사람으로 돌변한다. 그리고 그들은 바로 기쁨을 표시한 후 그들이 좋아하는 구단 이야기로 꽃을 피운다.

파라과이에 체류한 당시 "어떤 구단을 응원하느냐"라는 질문을 수도 없이 받았다. 그 당시는 파라과이 구단에 대해서 잘 모른다고 대답하였다. 그러면 이 친구들은 포기하지 않고 한국의 구단 이름이라도 말해보라고 재촉하였다. 딱히 한국에서 좋아하는 구단이 없어 연고지 구단 이름으로 대충 둘러댔다. 이런식으로 대답을 해도 친구들은 만족한듯이 그냥 듣고 넘어간다. 필자는 대답한 순간 이런 생각이 들었다. 이 친구들이 한국의 구단을 당연히 모를 텐데 왜 나에게 무슨 구단을 좋아하는지 물어볼까? 나중에 깨달은 사실이지만, 이들이 서로 좋아하는 구단에 대해 이야기하고 대답하는 것은 개인의 취향과 특성을 밝히는 것과 같은 것이었다. 파라과이 친구들은 한국의 구단을 모르지만 필자를 조금 더 이해하기 위해 좋아하는 구단을 본능적으로 물었던 것이다. 왜냐하면 이 친구들이 필자에게 좋아하는 한국의 구단을 물었던 것은 그 구단을 알고 싶어서가 아니라 파라과이 사람들의 정체성이 각 구단을 지지하는 행위와 연관되어 있기 때문에 자연스럽게 나온 질문이었다.

몇 년간 파라과이에서 지내면서 축구에 대한 이들의 태도는 한국과 차원이 다르다는 것을 몸소 체험하였다. 파라과이 사람들이 각 구단을 응원하는 것은 단순 취미나 여가활동이 아닌 일상의 흐름과 연결된 생활방식이라 할 수 있다. 즉, 축구는 그들의 정체성을 표현해 주는 도구이자 수단인 것이다.

이러한 측면에서 축구가 파라과이 사람들의 일상이며 어떤 의미를 내포하고 있는지 몇 가지 사례로 짚어볼 것이다. 첫 번째 이야기는 파라과이에서 가장 유명한 더비 주인공이며, 파라과이 국민들로부터 가장 사랑받고 있는 구단인 세로 포르테뇨와 올림피아에 관한 것이다.

두 번째 이야기는 영국의 훌리건에 버금가는 광적인 응원으로 유명한 스포르티보 루케뇨(Sportivo Luqueño)를 응원하는 서포터스에 관한 내용이다. 스포르티보 루케뇨의 연고지는 수도

권에 위치한 루케(Luque) 시이다. 스포르티보 루케뇨를 상징하는 두 개의 구호가 있는데, 그중 하나는 "루케 돼지 Kure Luque"이며, 다른 하나는 "루케 공화국 República de Luque"이다. 이 도시의 서포터스는 열정적이며 과격한 응원으로 유명하며, 축구를 통한 지역민의 유대감이 파라과이에서 가장 강하다.

세 번째 사례는 파라과이의 국민 영웅이 된 카바냐스(Cabañas)의 이야기이다. 카바냐스는 2010년 2월 멕시코의 나이트 클럽인 "Bar Bar"에서 멕시코의 마피아로부터 총격을 당한 후 일약 국민적 영웅으로 떠올랐다. 사실 카바냐스도 국가대표로서 나름 인지도 있는 축구선수이지만 칠라베르트와 산타크루즈정도의 인기를 가진 선수는 아니었다. 그러나 총격을 당한 후, 그는 이들을 뛰어넘는 관심과 인기를 가지게 되었다. 이 사례는 개개인의 축구선수가 파라과이 사회에서 얼마나 중요한 영향력을 행사하는지, 그리고 파라과이 사람들이 얼마나 축구를 사랑하는지 알 수 있다.

영원한 맞수
: 세로 포르테뇨(Cerro Porteño)와 올림피아(Olimpia)

파라과이에서 가장 유명한 더비는 세로 포르테뇨와 올림피아의 대결이다. 두 구단의 경기는 파라과이에서 가장 오래되고 유명한 더비로서 아르헨티나의 보카 주니어스와 리버플레이트의 더비와 같은 명칭인 수페르 클라시코(superclásico)라 불린다. 파라과이의 수페르 클라시코는 남미 최고의 더비 중 하나로 평가받고 있으며, 피파(FIFA)에서도 인정하고 있다.

더비의 세계적인 명성처럼 두 구단의 상대전적은 우열을 가리기 힘들다. 파라과이 축구협회(APF)의 2010년 통계에 따르면, 두 클럽이 맞붙은 모든 대회의 성적은 세로 포르테뇨가 140번 승리했으며, 올림피아가 139번 승리하였다. 무승부는 109번이다. 두 구단은 1913년 2:2로 무승부를 거둔 첫 경기를 시작으로 97년 동안 총 전적이 1승 밖에 차이나지 않을 정도로 치열한 승부를 벌였다. 열띤 두 구단의 승부만큼이나 파라과이 사람들의 두 구단에 대한 애정은 남다르다. 전체 파라과이 인구의 약 60%가 세로 포르테뇨를 응원하며, 34%가 올림피아를 응원한다. 나머지 6%는 다른 구단을 지지한다. 즉, 파라과이 국민의 열에 아홉은 두 구단 중 한 구단을 응원한다는 말이다.

세로 포르테뇨를 응원하는 사람은 세리스타(Cerrista), 올림피아를 응원하는 사람은 올림피스타(Olimpista)로 부른다. 가족이나 친구들 모임에서 축구이야기가 나오면 으레 두 편으로 갈라 언쟁을 벌인다. 세리스타는 올림피아가 최근 몇 년간 프로리그에서 우승이 없다고 놀려댄다. 그러면 올림피스타는 세로 포르테뇨가 코파 리베르타도레스 데 아메리카(Copa Libertadores de América: 라틴아메리카 클럽대항전)에서 우승한 적이 없다고 비아냥거린다.

필자는 파라과이 체류 초기에 동네 아이들이 대뜸 "너는 세리스타야? 아니면 올림피스타야?"라고 물어서 어리둥절한 경험이 있다. 그 당시에는 축구클럽이나 축구문화에 대해 몰라 질문의 의도를 전혀 이해하지 못했다. 나중에 아이들 질문이 "어떤 구단을 좋아하느냐"의 함축적인 의미라는 것을 알았으며, 그것이 필자와 친해지기 위한 시도였다는 것도 알았다.

그렇다면 왜 아이들이 질문할 때 두 구단만을 언급했을까? 그것은 두 구단이 가장 많은 팬을 확보하고 있기 때문이다. 파라과이 사람들이 왜 두 구단을 광적으로 좋아하는가는 파라과이 축구 역사를 통해 알 수 있다. 파라과이 최초의 구단은 1902년에 설립한 올림피아이다. 이 구단은 파라과이 축구의 아버지라고 불리는 네덜란드 출신의 윌리엄 패츠(William Paats)가 설립하였다. 그 이후 해마다 3개의 구단이 더 발족되었다. 모두 4개 구단을 기반으로 파라과이 축구리그(Liga Paraguaya de Football Association)가 1906년에 창설되었다.

세로 포르테뇨는 올림피아보다 늦게 창단하였다. 구단 설립은 안토니오 바스콘세요스가 1911년 산 후안 성당이 있던 아순시온의 한 동네에서 축구에 대한 열정이 넘치는 가난한 청년들을 모아 연습을 히면서 이루어졌다. 연습장소가 수풀로 우거져 청년들이 연습을 하다가 니무의 풀에 긁히기 일쑤였다. 그래서 인근의 누네스(Nuñez)가족 소유인 모래가 있는 땅으로 연습장소를 옮겼다. 그 땅에 집을 소유한 수산나 누네스는 후원자를 자청하여 1912년 10월 1일 그녀의 네 아들과 기존의 청년들을 포함하여 세로 포르테뇨라는 구단을 창단하였다.

세로 포르테뇨라는 구단 명칭은 아르헨티나와 관계 있는 듯한 착각을 느끼게 한다. 왜냐하면 프로테뇨는 부에노스 아이레스 사람을 의미하기도 하고, 다른 한편으로는 아르헨티나 사람이라는 뜻도 지니고 있기 때문이다.

그러면 왜 아르헨티나와 관계없는 구단이 세로 포르테뇨라는 명칭을 사용했을까? 이를 설명하기위해서는 라틴아메리카 독립 시기까지 거슬러 올라가야 한다. 19세기 초 독립 이전의 아르헨티나와 파라과이, 우루과이, 볼리비아는 리오 데 라 플라타 부왕령에 속해 있었다. 즉, 지금의 네 국가는 식민 시기에 하나의 통치 기관 안에 속한 지역들이었다. 독립의 열풍이 불면서, 네 국가는 스페인에서 각각 독립을 하게 된다. 독립을 할 무렵 아르헨티나 지역의 정치 세력들은 파라과이 땅을 자기들 손아귀에 넣고 싶어 하였다. 그러나 파라과이는 1810년 5월 14일에 가장 먼저 리오 데 라 플라타 부왕령에서 독립을 선언하였다. 여기에 아르헨티나가 격분하여 파라과이를 침공하였다. 파라과이는 1811년 1월 19일 아르헨티나의 벨그라노 장군을 맞이하여 파라과리 주에 위치한 브아에(Mba`e) 언덕에서 첫 번째 승리를 거둔다. 이때부터 파라과이는 그 전쟁승리를 기념하기 위해 브아에 언덕을 포르테뇨 언덕으로 개명하여 불렀다. 창단 구성원들은 독립이후 파라과이 최초의 전쟁승리라는 의미를 부여하여 구단 이름을 세로 포르테뇨로 정하였다.

이러한 세로 포르테뇨의 창단 정신을 강조하기 위해, 1920년에는 구단에서 "민족 구단(Club del Pueblo)"이라는 구호를 공식

적으로 사용하였다. 당시 구단의 집행위원장인 아드리아노 이
랄라 박사는 구호에 다음과 같은 의미를 부여하였다.

> "민족 구단: 이 이름은 평등에 기초하고, 민족의 부름으로,
> 우리가 더욱 합법적으로 자긍심을 느끼기 위해 제정한 것이
> 다. 우리 구단은 진정한 민족 구단이다"

1930년대에 파라과이에서 유명한 작곡가였던 에르미니오 히
메네스(Herminio Giménez)는 그가 작곡한 음악에 "세로 포르테
뇨, 민족구단"이라는 구절을 집어넣을 정도로, 세로 포르테뇨는
민족을 상징하는 구단으로 이름을 떨쳤다. 세로 포르테뇨의 민
중적이고 민족적인 이미지는 올림피아와 대비된다. 왜냐하면
올림피아 외국인의 주도로 창단되었으며, 구단 이름도 그가 결
정하였다. 그리고 올림피아 창단에 참여한 파라과이 사람들은
부유한 사람들이었다. 그래서 두 구단의 구장도 서로 대비되는
지역에 건설되었다. 세로 포르테뇨 구장은 바리오 오브레로라
불리는 서민 동네에 위치하고 있다. 이에 비해 올림피아 구장은
부유한 동네인 마리스칼 로페스 대로변에 자리 잡고 있다.

양 구단의 경쟁의식은 세로 포르테뇨가 파라과이 축구리그에
참가한 해부터 곧바로 드러났다. 1906년 축구 리그가 시작되고
단 한 번의 우승도 없었던 올림피아는 세로 포르테뇨가 리그에
참가한 1912년에 우승하였다. 그러나 이듬해는 세로 포르테뇨
가 창단 2년 만에 우승을 차지하였다. 1913년과 1914년은 두 구
단이 번갈아 가면서 우승과 준우승을 차지하면서 경기적인 측

면에서도 이미 최고의 라이벌로 부상하였다.

프로리그와 국제적으로 열리는 클럽대항전 등의 우승경험은 올림피아가 세로 포르테뇨를 능가한다. 그러나 최근 10년간의 프로리그 성적은 세로 포르테뇨가 월등히 앞선다. 세로 포르테뇨는 10년간 4번의 우승과 2번의 준우승을 차지하였으나, 올림피아는 단 한 번의 우승과 준우승도 차지하지 못했다. 앞에서 말했듯이, 세로 포르테뇨 응원자들은 올림피아가 한물갔다고 놀려댄다. 그러면 올림피아 응원자들은 세로 포르테뇨가 국제대회에서 전혀 힘을 못 쓰는 '안방마님'이라고 비아냥거린다. 다행히도 올림피아는 2002년 라틴아메리카클럽대항전에 우승을 거머쥔 것으로 그나마 체면을 유지하고 있다.

파라과이에는 수페르 클라시코 이외에도 네 가지의 다른 더비들이 존재한다. 첫 번째 더비는 일명 고전 더비(Clasico Añejo)로 올림피아와 과라니(Guaraní)와의 경기를 말한다. 올림피아는 1902년에 파라과이에서 가장 먼저 창단되었고, 과라니는 그 이듬해인 1903년에 발족되었다. 그래서 이 더비는 가장 역사깊은 구단끼리의 대결이라고 붙은 이름이다.

두 번째 더비는 흑백 더비(Clasico Blanco y Negro)로 올림피아와 리베르타드(Libertad)의 경기를 가르킨다. 이 더비의 이름은 양 구단의 유니폼 색깔 때문에 붙은 것이다. 올림피아와 리베르타드 두 구단의 유니폼 색깔이 흰색과 검은색 조합으로 이루어져 있다. 그래서 두 클럽 간의 대결을 흑백더비라 부른다.

세 번째 더비는 이웃더비(Clásico de Vecindario)로 세로 포르테뇨와 나시오날(Nacional) 경기를 말한다. 두 클럽의 축구장은 수도인 아순시온의 바라오 오브레로(Barrio Obrero)에 위치하고 있다. 그래서 두 클럽의 대결은 이웃 더비라 불린다.

네 번째 더비는 성삼위일체 더비(Clásico de Santísima Trinidad)로 루비오 누(Rubio Ñu)와 스포르티보 트리니덴세(Sportivo Trinidense)의 경기를 일컫는다. 두 클럽의 축구장은 아순시온의 바리오 산티시마 뜨리니다드(Sanfisima Trinidad)에 위치해 있다. 산티시마 트리니다드는 성삼위일체라는 뜻을 가지고 있다. 그래서 두 클럽의 대결을 성삼위일체 더비라 부른다.

영국의 훌리건에 버금가는 '돼지 대장' 서포터스

전 국민의 사랑을 받는 대표적인 구단이 세로 포르테뇨와 올림피아라면, 스포르티보 루케뇨(Sportivo Luqueño)는 연고지의 시민들로부터 부담스러울 정도로 열성적인 응원을 받는 구단이다. 연고지인 루케는 수도권에 위치하고 있으며, 인구는 약 30만 명이다. 스포르티보 루케뇨는 1904년에 창단한 마르테 아틀레니고(Marte Atletico)와 1907년에 창단한 벤세도르(Vencedor), 그리고 1921년에 창단한 헤네랄 아키노(Gral Aquino) 등 지역의 세 개 구단을 통합하여 1922년에 창단된 것이다. 프로리그에서 1951년과 1953년 두 번 우승하였으며, 최근 10년 사이는 2001년 준우승과 2007년 전기 리그에서 우승을 차지하는 등 신흥 강호로 떠오르고 있다. 스포르티보 루케뇨의 자랑은 두 가지가 있다. 첫 번째는 파라과이 축구영웅이자 세계적인 수문장이었던 칠라베르트가 15세의 나이로 첫 프로리그 경기를 출전한 소속구단이었다는 사실이다. 두 번째는 파라과이에서 가장 열정적이며 거친 응원으로 유명한 서포터들이다. 스포르티보 루케뇨의 응원단은 1980년 말과 1990년대 초에 조직적으로 결성되었다. '장군'이라는 별명의 아코스타(Acosta)가 주도적으로 결성했다고 알려져 있다. 당시 스포르티보 루케뇨의 응원단은 거칠고 폭력적인 응원으로 소문이 자자하였다. 본격적으로 유명세를 탄 것은 훌리오 곤살레스 카베요 기자가 '잔초리간(chancholigan)'이라는 별명을 응원단에 붙이면서 시작되었다. 잔초리간은 구단 상징인 돼지의 스페인어 잔초(chacho)와 영어의 훌리건(hooligan)을 결합한 신조어이다. 이때부터 스포르티보 루케뇨의 응원단은 '잔초리간'을 공식명칭으로 사용하게 되었다.

돼지가 구단의 공식적인 마스코트가 된 것은 과거부터 루케에서 돼지가 많이 사육됐기 때문이다. 그래서 구단의 마스코트의 이름이 '쿠레 루케(Kure Luque)'이다. 쿠레는 파라과이의 원주민 언어인 과라니어로 돼지라는 뜻이다. 파라과이는 원주민 언어를 스페인어와 공용어로 사용하기 때문에 과라니어가 사용이 일반화되어있다. 루케에서 사육된 돼지는 기차로 수도인 아순시온으로 운반되었다. 그래서 축구 경기 시작 전 상대편 응원단은 잔초리간들이 오면 "저기서 루케 돼지가"온다고 조롱하기 일쑤이다. 요즘은 철도가 폐쇄되어 돼지를 운반하는 모습을 볼 수 없지만, 돼지는 여전히 루케의 전통으로 남아 스포르티보 루케뇨의 상징으로 남아 있다. 또한 돼지는 응원단인 '잔초리간'이 숭배하는 마스코트이자, 그들을 지휘하는 대장을 상징한다.

돼지 대장을 중심으로한 '잔초리간'의 결집력을 그들의 선언문에서 잘 드러난다.

위대한 독립선언

루케 해방을 위한 최고위원회 (O.S.L.L)-바티칸에 염증을 느껴 시위를 한다.

잔초리간의 마스코트인 '돼지대장'

1. 우리는 루케의 독립을 선언한다. 그리고 다른 통치 권력을 인정하지 않는다. 다만 미래에 루케만을 위한 국민투표를 할 것이다.
2. 지금부터 고도(古都)인 루께를 루께 공화국으로 부른다.
3. 신과 파라과이 대통령의 권위 따위는 모른다. 다만 돼지얼굴에 무릎을 꿇을 뿐이다.
4. 우리의 영토를 찾기 위해 파라과이 군대에 결사항전을 선포한다.
5. 우리의 국가를 건설하기 위해 인터넷의 메인 도메인을 즉각적으로 만들 것을 요구한다. 만약 이것을 부정하면, 우리의 해커와 바이러스 제작자들이 빠르게 전산망을 파괴할 것이다.

6. 새로운 영역과 지도를 만들어 빨리 우리나라의 정보를 사전과 백과사전, 지도책에 기재할 것이다.

7. 공식 깃발은 가로 세 줄이다. 중간은 노란색이며 위와 아래는 파란색이다.

8. 돼지는 우리의 공식 마스코트이다.

9. 조파라(파라과이의 대중적인 언어로 원주민 언어인 과라니어와 스페인어를 혼재하여 쓰는 언어의 형태임, 조파라는 과라니어로 혼합이라는 뜻을 지니고 있음)는 우리의 언어이다.

10. 파라과이 사람들은 15일 비자와 함께 루케 공화국령에 들어올 수 있다. 우리의 기분에 따라 갱신 가능하다.

11. 우리의 하원은 잔초리간과 벨라 비스타의 '차우 로코' 의회에서 선출한다.

12. 파라과이는 우리에게 공물을 바쳐야 한다. 차후에 파라과이 사람들은 우리의 왕국에 공물을 바칠 것을 선언한다.

13. 실비오 페티로시 공항(파라과이 국제공항, 실비오 페티로시는 파라과이 최초의 비행기 조종사)은 우리의 영토로 편입되며 루께 공화국의 "훌리오 세사르 로메로(루케 출신의 유명한 파라과이 축구선수)" 공항으로 공항이름을 변경한다.

14. 우리의 해변은 루케 비치파크로 부른다.

15. 우리 겨레의 상징은 돼지, 파란색과 금색 깃발, 루케의 비석, 30번 버스(루케와 수도인 아순시온 사이를 운행하는 시내버스)이다.

돼지 최고사령관

잔초리간의 대장인 아코스타가 1991년 응원단의 폭력사태로 사망하면서 페를라 데 가비간(Perla de Gavigán)이 응원단장으로 추대되었다. 그녀는 최초의 여성응원단장으로 1990년 중반까지 잔초리간을 이끌다가 바조(BAYO)라는 이름의 응원

단을 새로이 창단하였다. 잔초리간의 단장은 호세 플로레스(Jose Flores)가 맡게 되었다. 이때부터 스포르티보 루케뇨의 응원단은 두 개로 나뉘었다. 2008년부터 잔초리간과 바조는 "끈기 있는 응원단"이라는 이름으로 통합하였다. 그러나 여전히 갈등의 불씨는 남아 있다.

잔초리간을 비롯한 바조는 폭력사태로 인해 20년 동안 5명이 사망하였으며, 약 2,000회 이상의 소요를 일으켰다. 두 응원단은 서로 대립하기도 하지만, 세로 포르테뇨 응원단인 코만도(Comando)와 라 플라사(La Plaza), 올림피아의 응원단인 라 바라 데 라 오(La Barra de la o), 리베르타드의 응원단인 라 에스콜타(La Escolta) 등 파라과이의 주요 명문구단과 주로 싸움을 빌일때는 힘을 모았다. 다음의 기사는 스포르티보 루케뇨와 리베르타드의 응원단이 서로 충돌하여 사망한 사건을 다룬것이다.

지난 일요일(2008년 11월 2일) 스포르티보 루케뇨와 리베르

타드 경기에서 바조의 카를로스 마누엘 페레스(20세)가 가슴 부근에 총상을 입어 사망하였다. 이 비극은 잔초리간과 함께 있던 일부의 바조 서포터들이 펠리시아노 카세레스(스포르티보 루케뇨 홈구장) 구장에서 600미터 떨어진 도로에서 라 에스콜타(리베르타드 응원단)들이 통째로 빌려서 타고 온 림피오행 24번 버스를 습격하면서 시작되었다. 이 과정에서 페레스는 총을 맞고 바로 IPS(병원이름)로 옮겼으나 숨을 거두었다. 이 사건과 관련된 세 명의 청년을 수감하여 조사 중이며, 증거물인 총은 아직 발견하지 못하였다(출처: 라나시온 신문, 2008년 11월 9일자).

이 기사는 서포터스가 사망한 지 일주일이 지난 후의 사건 추이에 대한 기사내용을 요약한 것이다. 이 사건은 리베르타드(Libertad)의 서포터인 라 에스콜타가 루케로 원정 응원을 오면서 벌어졌다. 리베르타드(Libertad)는 아순시온을 연고로 하며 세로 포르테뇨와 올림피아 다음으로 인기가 있는 명문 구단에 속한다. 파라과이 프로축구리그 우승 경력도 세 번째로 많다. 리베르타드는 올림피아와 세로 포르테뇨 다음으로 스포르티보 루케뇨 응원단과의 충돌이 잦은 편이다. 스포르티보 루케뇨의 응원단이 인기나 성적에서 상위 3개에 속하는 구단과 마찰이 심한 것은 실력이 강한 구단에 대한 견제의식이 과도하게 드러난 것이라 할 수 있다. 이러한 견제는 격렬한 응원을 통해 상대구단과 서포터들의 기를 꺾는 행위도 드러난다. 바로 이 사건도 라 에스콜따가 경기에 도착하기 전 지나친 기싸움으로 말미암아 총격전까지 간 것이다.

만약 한국에서 응원단과 관련된 살인 사건이 발생했다면, 온

나라가 발칵 뒤집혔을 것이다. 언론은 축구 때문에 살인이 일어
났다고 대서특필 할 것이고 축구 경기의 위험성에 관한 논의가
촉발되었을 것이다. 더구나 파라과이처럼 꾸준히 서포터스의 충
돌과 살인 사건이 일어났다면 한국에서는 벌써 축구 폐지론이
대두되었을 것이다. 그렇다면 왜 파라과이에서는 이러한 응원단
의 충돌로 인한 사망사건을 사회적으로 심각하게 다루지 않고
일반적인 살인사건의 한 형태로 간주하는 것일까? 신문 기사에
서도 축구로 인한 서포터스의 폭력성에 관한 해결책이나 문제에
관한 내용은 없다. 일반적인 살인행위로서 사건의 전개과정과
수사내용만을 담담하게 전할 뿐이다. 이들에게 축구로 인한 폭
력과 죽음은 자연스러운 현상으로 보통의 살인사건과 별반 다르
지 않게 여긴다. 왜냐하면 축구는 그들의 일상이기 때문이다. 일
상에서 폭력과 죽음이 발생했다고 해서 일상을 멈출 수 없듯이
이들에게 축구는 중단할 수 없는 삶 그 자체이다. 스뽀르띠보 루
께뇨의 응원단을 단지 열성적인 서포터로 여기며 심각하게 인식
하지 않는 것도 축구에 대한 파라과이 사람들의 일상적 세계관
을 반영하는 것이 아닐까.

멕시코 마약 갱의 피격으로 '국민 영웅'이 된 카바냐스

축구로 파라과이에서 '국민 영웅'으로 불릴 만한 인물은 골 넣
는 수문장으로 유명했던 호세 루이스 칠라베르트(Jose Luis

Chilavert)이다. 그는 자기 이름으로 생산된 포도주를 판매하고 정치권으로부터 끊임없이 국회의원 출마를 제안받는 등 은퇴 후에도 그의 유명세는 지속되고 있다. 2010년 1월 25일은 이런 칠라베르트를 무색하게 할 만한 새로운 '국민영웅' 살바도르 카바냐스(Salvador Cabañas)의 탄생을 예고하는 순간이었다.

카바냐스는 파라과이 국가대표와 멕시코의 클럽 아메리카의 공격수로 활약하고 있었다. 그는 2006년 독일 월드컵을 앞두고 노장공격수인 호세 카르도소(José Cardozo)가 국가대표에서 은퇴하면서 그 자리를 메우게 되었다. 그러나 카바냐스는 독일의 분데스리가에서 활약하던 공격수인 산타크루스와 넬손 발데스에게 밀려서 단 1분도 출장하지 못했다. 이런 선수가 파라과이의 유명한 선수들을 뛰어넘어 '국민 영웅'으로 추앙받은 것은 매우 의아한 일이 아닐 수 없다.

카바냐스가 2010년 월드컵을 앞두고 전 국민의 성원을 받은 것은 다름 아닌 멕시코에서 발생한 총격사건 때문이었다. 카바냐스는 2010년 1월 25일 새벽 5시 30분 멕시코시티에 위치한 "바바(Bar Bar)"라는 디스코 클럽 화장실에서 멕시코 마피아에게 머리에 총격을 받아 쓰러졌다. 왜 카바냐스가 총격을 당했는가에 대해 여러 가지 설들이 난무하고 있을 뿐 정확한 원인은 여전히 밝혀지지 않고 있다. 일설에 의하면, 카바냐스는 그의 부인과 처남 셋이서 디스코 클럽에 갔다. 그의 처남이 디스코 클럽의 무희인 쿠바 출신의 모델에게 추파를 던졌고, 무희에게 관심을 둔 마피아가 격분하여 카바냐스를 처남으로 오인하였다.

카바냐스가 화장실에 가는 순간 마피아는 그의 뒤를 밟았고 화장실 안에서 실랑이가 오고 갔던 중 마피아가 카바냐스 머리에 총을 겨누었다. 카바냐스가 자신 있으면 쏘아보라는 말에 흥분한 마피아는 그대로 쐈버렸다. 남편이 오래도록 화장실에서 나오지 않자 카바냐스의 부인은 화장실에 들어가서 쓰러진 남편을 발견하였다. 총을 쏜 마피아는 마약 밀매상인 호세 호르헤 발데라스 가르사(José Jorge Balderas Garza)로, 별명은 호따호따(JJ)였다. 카바냐스는 총격을 당한 지 5일 만인 2010년 1월 30일 깨어나 부인과 대화를 하였다. 의료진은 머리에 박힌 총알을 잘못 건드리면 목숨이 위험하다는 판정을 내리고 총알을 그대로 둔 채 치료를 진행하였다.

이 당시에 필자는 파라과이에 있었는데, 새벽에 뉴스 속보를 시작으로 온 종일 카바냐스에 관한 소식만 흘러나왔다. 필자가 파라과이에 있으면서 이정도로 누군가에 대해 온 종일 뉴스를 내보내는 것을 처음 보았다. 이때를 시작으로 파라과이에서 출국한 2월 23일까지 언론 매체의 관심은 카바냐스에 관한 소식뿐이었다.

카바냐스가 축구선수로 각광을 받기 시작한 것은 2008년 라틴아메리카 클럽 대항전인 코파 리베르타도레스에서 득점왕과 2009년에 멕시코 프로리그 통산 개인 득점 100골을 기록하면서였다. 그는 단신이지만 당당한 체구로 스피드와 돌파력이 좋은 공격수로 인정받았다. 파라과이 언론과 국민들은 2010년 월드컵을 앞두고 장신공격수인 산타크루즈와 경험이 풍부한 넬손 발데스, 카바냐스가 뭉친 역대 최고의 공격 조합을 기대하였다.

국민들의 기대가 컸던 만큼 그 충격은 삽시간에 파라과이 전역으로 퍼졌다. 카바냐스의 뇌에 총알이 박혀 의식불명에서 깨어나지 못하자 파라과이 국민들은 총격이 발생한 이틀 뒤에 파라과이 국립 축구 경기장인 데펜소레스 델 차코(Defensores del Chaco)에서 카바냐스 의식회복을 위한 기도 모임을 가졌다. 그곳에 20,000명에 육박하는 시민들이 파라과이 국가대표 유니폼을 입고 카바냐스가 깨어나기를 기도하였다.

모인 사람들은 "장군이여 일어나라. 우리 모두와 함께 나가자. 그리고 파라과이는 너와 함께 있다 힘내라"라는 구호를 외치면서 카바냐스가 깨어나기를 열렬히 응원하였다. 파라과이 인기 퓨전그룹인 라 세크레타(La Secreta)의 리더인 마이크 카르도소(Mike Cardozo)는 카바냐스의 응원가를 만들어 경기장에 모인 시민들과 함께 불렀다. 이 노래는 간단한 가사와 귀에 쏙 들어오는 리듬으로 자주 방송되어 필자도 파라과이에 있던 동안 그 노래에 중독되어 은연중에 흥얼거리곤 했다.

No estás solo Salvador, no está solo(살바도르 너는 혼자가 아니야, 너는 혼자가 아니야).
No estás solo campeón(챔피언 너는 혼자가 아니야).
Tu hinchada, tu pueblo, tu gente más que nunca están con vos (너의 서포터스, 너의 민족, 너의 사람이 너와 함께 있어).
Salvador(살바도르)!

카바냐스를 '장군'으로 묘사한 이동통신회사의 광고장면

카바냐스가 파라과이 사람들로부터 열렬한 응원을 받은 것은 총격으로 인한 안타까움과 2010년 월드컵에 출전하지 못하는 아쉬움 때문으로만 이해하기에 무엇인가 부족한 면이 있다. 총격 이후 카바냐스를 수식하는 별명은 '장군'이 대세를 이루었다. 원래 카바냐스는 저돌적이며 스피드가 좋아 '황소'라는 별명을 가졌다.

장군이라는 별명은 카바냐스가 2009년 9월 이동통신 회사인 페르소날(Personal) 광고에서 만든 문구에서 시작되었다. 이 통신 회사는 2010년 남아공 월드컵의 선전을 기원하기 위해 카바냐스를 '전쟁 영웅'으로 묘사하였다. 그 '전쟁 영웅'은 19세기 중반 파라과이의 통치자였던 프란시스코 솔라노 로페스를 모델로 하였다. 그는 파라과이 역사상 가장 치열한 전투였던 삼국동맹전쟁을 일으킨 장본인으로 브라질과 아르헨티나, 우루과이의 연합군에 맞서 죽음으로 최후를 맞이하였다. 통신회사는 월드컵에서 최후까지 물러나지 않는 정신을 발휘하자는 의미에서 로페스 장군 복장으로 광고를 찍었다. 카바냐스가 장군 복장을 하고 파라과이 국기를 거머쥔 채 백마 탄 모습은 영락없는 영웅의 모습이었다. 카바냐스의 평소의 저돌적인 축구 모습과 임전무퇴의 정신으로 월드컵을 이끌 장군의 모습은 아주 조화롭게 비춰져서 대중의 뇌리에 쉽게 각인되었다.

앞선 사진은 바로 이동통신회사에서 카바냐스를 모델로 찍은 것이다. 가슴에 이동통신회사의 이름인 페르소날이 보인다. 파라과이 국립경기장에서 열린 기도회에서도 이 모습은 카바냐스의 상징이 되었다. 기도회 시작과 함께 광고와 똑같은 모습으로 청년이 말을 타고 파라과이 국기를 들고 나오면서 경기장을 분위기를 고조시켰다. 필자는 이 광경을 현지 뉴스로 시청하면서 축구선수 한 명 때문에 하루 종일 그의 소식만 전해주는 것도 신기했지만, 수만이 경기장에 모여 기도하고 카바냐스를 영웅으로 묘사하는 청년의 퍼포먼스를 보고 문화적 충격을 느꼈다. 축구선수가 나이트클럽에서 피격당한 것이 무슨 큰일처럼 여기는 태도도 이해할 수 없었고, 국가를 위해 희생하고 투쟁하다가 죽은 듯 여운을 남기는 청년의 퍼포먼스는 필자의 입장에서 황당한 일이었다.

　카바냐스에 대한 국민적 관심은 파라과이 사람들의 축구에 대한 사랑이 개개인의 축구선수에게 이입된 것으로 2010년 남아공 월드컵을 앞두고 주전 공격수가 외국의 괴한에게 총격을 당한 것에 대한 슬픔과 안타까움의 결과이다. 또 다른 측면에서는 이동통신회사의 광고 이미지와 피격, 월드컵이라는 시기적 상황이 적절히 조합되면서 카바냐스의 '영웅 만들기'가 이루어졌다. 영웅을 상징하는 것은 바로 광고에서 사용된 '장군(Mariscal)'이라는 용어였다. 카바냐스의 투병 과정에서 언론에서 그의 영웅화 작업은 계속 진행되었다. 신문 및 TV는 온 국민이 열광하는 기사거리를 놓치지 않고 끊임없이 월드컵과 관련하여 새로운 소식을 생산하였다. 카바냐스의 월드컵 참여 유무는 주된 논쟁거리였다. 물론 그의 몸 상태는 의학적으로 월드컵까지 운동을 재개할 만한 상황이 아니었지만, 카바냐스가 빨리 회복해서 월드컵에서 뛰고 싶다고 말하면서 국민들은 기대감에 부풀었다. 언론들은 앞다투어 신경정신과 의사를 초청하여 의학적인 분석을 실시하였다. 결과적으로 카바냐스는 경기에 뛸 만큼 회복하지 못하였다. 한편으로 언론에서는 카바냐스를 위해서라도 월드컵 대표클럽이 선전해야 한다는 의무감을 유도하였다. 이런 분위기에 편승하여 이동통신회사인 뻬르소날은 까바냐스를 다시 등장시켜 '영웅Ⅱ' 광고를 만들었다. 이동통신회사는 "꿈으로 뭉칠 때, 우리를 멈출 수 있는 상대는 없다"라는 문구아래에 월드컵에 나가는 선수들을 이끄는 장군으로 카바냐스를 묘사하고 있다.

필자가 한국으로 돌아온 후에 지속적으로 현지 신문을 모니터링하면서 놀란 것은 그를 갈망하는 열기가 2010 남아공 월드컵에서도 식지 않았다는 것이다. 특히 일본전에 승리하여 최초로 8강 진출을 했을 때 파라과이 언론들은 카바냐스가 경기를 보는 장면과 그의 가족과 기뻐하는 모습을 큰 비중으로 다루었다. 언론들의 보도 내용은 마치 카바냐스를 위한 월드컵으로 착각될 정도였다.

카바냐스가 이번 월드컵기간에 칠라베르트를 뛰어넘는 '국민영웅'으로 각광을 받은 것은 월드컵을 목전에 앞에 두고 피격을 당해 주전 공격수를 잃은 허무함과 이동통신사의 광고나 언론이 적절히 조합된 영향일 수도 있다. 그러나 파라과이 사람들의

카바냐스를 '장군'으로 묘사한 이동통신회사의 두 번째 광고장면

축구에 대한 관심과 열정이 없었다면, 이 사건은 대수롭지 않은
일로 넘어갔을 것이다. 왜냐하면 파라과이에는 그보다 뛰어난
공격수가 즐비하기 때문이다. ⚽

우루과이

21세기에 재림한 차루아 전사들

김영철

21세기에 재림한 차루아 전사들

2010년 남아공 월드컵에서 우리는 남미의 진정한 강자가 누구인지 보았다. 우루과이, 그 누구도 남미의 작은 국가 우루과이가 월드컵 4강에 오를 수 있을 것이라 예측한 사람은 없었다. 축구 전문 해설가뿐만 아니라 도박사들까지도 우루과이의 선전을 예상한 사람은 한 사람도 없었다. 이유가 무엇일까? 최근 개최된 월드컵에서 우루과이는 16강 이상의 성적을 거둔 적이 없기 때문이다. 그런데 월드컵 역사를 보면 그들은 중심에 서 있었다. 그것도 제1회 월드컵에서 우루과이는 세계의 제왕으로서의 지위를 누렸디. 벌써 80년이 훌쩍 넘어 버린 꿈만 같은 추억의 한 장면이 되었다. 1950년 브라질에서 개최된 제4회 월드컵에서도 개최국이면서 당시에도 세계 최강이었던 브라질을 꺾고 또다시 우승했다. 이런 저력을 지닌 우루과이였지만 1970년 멕시코 월드컵에서 4강에 오른 이후 조별 예선을 통과한 적이 없다. 이렇

출처: US Embassy Montevideo

2010년 Celestes의 귀환

게 보면 우루과이는 조별 예선만 통과하면 4강은 기본적으로
하는 저력 있는 국가였음을 알 수 있다. 이런 좋은 성적은 역시
남미 축구 강국들이 그렇듯이 어릴 적에 시작한 기초가 탄탄한
축구를 하고, 경기의 흐름을 한 순간에 바꿀 수 있는 뛰어난 스
타플레이어들이 있기 때문에 가능했다. 조별예선을 통과하지
못했던 시기에는 스타플레이어들이 없었는가? 힘든 시기에도
스타플레이어들은 늘 있었다. 스타플레이어들이 별처럼 빛나기
위해서는 그 별을 비추는 작은 불빛들이 많아야 하는데 우루과
이가 좋은 성적을 거두지 못했던 시기에는 그렇지 못했다. 작은
불빛들은 우루과이의 전설적인 인디오인 차루아의 전사들이다.
호전적이고 도전적인 차루아의 전사들이 투쟁력을 발휘할 때

비로소 우루과이 대표팀인 셀레스테스(Celestes)들이 날아오른다. 우루과이 축구가 다시 날아오른 21세기에는 분명 차루아 전사들이 재림한 것이다. 초창기 우루과이 축구가 어떻게 이렇게 강력할 수 있었는지, 아니 어떻게 월드컵에서 좋은 성적을 거둘수 있었는지를 보면 차루아 전사들이 보일 것이다. 초창기 우루과이 축구로 돌아가 보자.

영국 노동자들과 함께한 귀족 스포츠

전 세계 국가들이 그렇듯이 우루과이에 근대축구가 도입된 것도 역시 영국의 제국주의 팽창으로 철도 노동자들이 들어오면서 시작되었다. 영국인들은 자신들의 놀이 문화를 현지에서 즐기기 시작했고 이것을 지켜보던 우루과이인들이 흉내 내고 배우고 하면서 우루과이의 국민 스포츠로 자리매김했다. 때문에 초기 축구는 영국인들과 개인적인 친분 관계를 가진 사람들만이 즐길 수 있는 스포츠였고 내국인들 중에서는 비교적 안정적인 직업이나 엘리트 층에 속한 사람들이 즐기는 스포츠였기 때문에 클럽 문화가 잘 정착되있다. 마치 우리나라의 골프인구가 대중화되어 가는 과정과 같다고 생각하면 좋을 것 같다. 골프는 여전히 일부 계층에서 즐기는 스포츠이지만 국민들 정서에는 대중화되어 있고 골프선수들이 대중적인 인기와 함께 세계와 경쟁하는 한국인의 이미지를 가지고 있는데 당시의 우루과이 축구도 같은 의미와 정신 자세를 지니고 있었다. 이 때문에 축구선수들은 그들의 조상인 차루아 전사라고 칭하고 외세와 맞서 싸우는 영웅적인 모습으로 그리게 되었다. 이런 국민적인 지지가 월드컵에서 우루과이가 우승하는 데 가장 큰 밑거름이 되었다. 최근 우리나라 대표를 태극전사로 칭하고 있는 것과 같다. 단지 차이점은 우루과이는 국가대표 경기뿐만 아니라 국내리그에서도 똑같은 열정으로 응원한다는 것이 가장 큰 차이라 할 수 있다.

이런 환경에서 성장한 우루과이 축구는 여전히 그 형태를 유지하고 있다. 초기의 경쟁구도가 지금도 유지되고 있고, 이들 팀에 대한 축구팬들의 열정도 그대로이다. 시간이 많이 흘렀음에도 변함없는 이유는 어디에 있을까? 초기 영국인들이 자신들의 놀이문화를 우루과이에 소개하면서 자연스럽게 축구경기가 영국과 우루과이의 국가 대항전이 되었다. 당시에도 축구가 단순히 즐기는 스포츠의 수준을 뛰어넘었다고 할 수 있다. 영국인들은 직업적 특성상 기차역을 중심으로 모여 축구를 즐길 수 밖에 없었다. 이들은 1891년 페냐롤(Peñarol) 기차역에 우루과이 철도 커리켓 클럽(Central Uruguay Railway Cricket Club)을 만들어 자신들이 축구를 즐기기도 하고 우루과이인들에게 축구가 무엇인지를 가르쳤다. 이런 과정에서 영국인들은 의도하지 않았을 수도 있지만 우루과이인들은 무시당하고 있다고 느꼈을 것이고 결국 영국을 반드시 이기고 말 것이라는 투지를 불사르게 되었다. 사실 영국인들이 만든 이 클럽이 우루과이 최초의 축구 클

럽이면서 동시에 가장 인기 있는 축구팀 중의 하나이다. 영국인
들과 우루과이인들 간의 축구 수준은 어른과 아이의 장난과도
같아 보였다. 축구장에서 같이 축구는 하고 있지만 우루과이인
들의 입장에서는 양국의 관계에서도 종속적인 관계가 유지되고
있는데 축구에서 조차도 같은 현상이 나타나자 여기에 대한 불
만 아닌 불만이 쌓이기 시작했다. 그렇게 해서 1899년에 우루과
이 국민과 대학생들이 모여 나시오날(Nacional) 팀을 창단하여
영국 팀에 맞서기 시작했다. 나시오날은 스페인어로 '국가' 혹은
'민족'이라는 말인데, 영국과 대적하기 위해 국가대표팀을 만든
셈이었다. 페냐롤 팀과 나시오날 팀의 시합은 영국과 우루과이
로 대표되는 유럽(선진)과 남미(후진), 계층적인 관계에서는 상
류층과 일반대중, 시대적인 흐름에서는 외세와 반외세라는 대립
적 관계를 지니게 되었던 것이다. 이것은 한국과 일본의 축구 시
합에 대해서는 감독의 전술도, 축구해설가의 해설도, 서포터스들
의 응원도 하나로 모아지는 우리네 라이벌전과 같은 경우라 할
수 있다. 두 팀 간의 축구시합이 있는 날은 당연히 축제가 되고
자신이 응원하는 팀에 대한 사랑이 깊게 배어날 수밖에 없다.

  외국 팀과의 최초의 시합은 지금도 지역 라이벌이라고 생각
하는 아르헨티나였다. 역시 영국인들이 진출한 이후 축구가 성
장한 아르헨티나는 우루과이보다 강한 면모를 보였다. 우루과
이 축구는 빠른 성장을 거듭해 1903년 아르헨티나의 부에노스
아이레스에서 있었던 시합에서 드디어 아르헨티나를 3:2로 꺾
는 파란을 일으킨다. 역사적으로도 아르헨티나의 영향력을 많

이 받은 우루과이로서는 그동안의 아픔을 되갚아주는 기쁨이었다. 이후 우루과이와 아르헨티나는 서로 지역 라이벌로 인식하면서 남미 축구에서 큰 영향을 미친다.

근대 축구는 영국에서 발전하여 철도 노동자들이 전 세계로 확산되면서 세계 곳곳으로 퍼져나갔다. 때문에 대부분의 나라에서 근대 축구사를 찾아보면 영국과 관련되어 있지 않은 곳이 없다. 또한 축구가 선진문물로 여겨져 도입되었기 때문에 현지에서도 비교적 엘리트층에서 즐기는 스포츠로 자리 잡는다. 우루과이도 이런 전 세계적인 경향에서 크게 벗어나지 않는다. 근대 축구가 발전할 당시 우루과이도 근대화의 바람과 함께 많은 영국인들이 들어왔고 또 많은 우루과이인들이 영국을 비롯한 유럽의 문물을 익히기에 열심이었다.

월드컵의 주인이 되다

영국인들이 들여 온 축구는 우루과이인들에게는 신선한 충격이었다. 나시오날 팀이 창단된 이후 1902년에 몬테비데오 원더러스(Montevideo Wanderers), 1906년 미라마르 미시오네스(Miramar Misiones), 1908년 리버풀(Liverpool) 등 많은 클럽들이 생겼다. 이들은 아마추어 리그를 만들어 서로 경쟁하는 시스템을 만들었다. 우루과이에서 축구클럽 수가 많아지는 동안 올림픽 경기에서만 이루어지던 국가 대항전을 올림픽과 별도로 가져야 한다는 여론이 형성되었다. 드디어 1914년 FIFA가 축구를 올림픽 경기와 별도로 축구 대회를 개최할 것을 결정했다. 그리고 이 대회에서 우승하는 팀을 세계 챔피언이라는 것을 정하게 된다. 이 결정은 월드컵이 세계인의 축제로 성장하는 계기가 되었다. 이렇게 결정은 했지만 국제 정세에 영향을 받아 월드컵은 16년이나 지나서 개최되었다. 유럽에서 발생했던 제1차 세계대전, 미국을 강타한 대공황 등은 스포츠 발전에 먹구름을 드리운다.

그러는 동안 우루과이는 1924년과 1928년 올림픽에서 우승했다. 올림픽 게임이 전 세계인들의 스포츠 제전으로 성장하면서 올림픽 종목에서 우승하는 것은 그 스포츠에서 세계 챔피언이라는 것을 반증하는 것이었다. 우루과이는 올림픽에서 두 차례나 우승하게 되었다. 선진국들과 경쟁해서 이기게 되니까 국내 축구 클럽이 폭발적으로 증가하여 국내 선수층이 두터워졌을 뿐만 아니라 경기 수가 많아지면서 체력적으로 경기력이 빠르게 향상되었다. 현재 프리메라리그에 등록되어 있는 팀들이 대부분 이 시기에 창단된 팀들이다.

국제 대회에서 두각을 나타내고 있는 1920년대, 월드컵 개최에 대한 구체적인 논의들이 확산되었다. 그래서 개최국 선정을 눌러싸고 스웨덴, 네덜란드, 스페인과 우루과이가 경쟁하고 있었다. 그런데 우루과이가 올림픽 챔피언이면서 세계 챔피언이었고, 독립 100주년을 기념하기 위해 센테나리오 경기장을 짓고 있었으며, 무엇보다도 모든 참가 국가들의 경비를 지원하겠다는 조건을 내걸어 월드컵 초대 개최국이 되었다. 이런 배경 때문에 1930년 월드컵 개최지가 우루과이가 되었던 것이다. 이러한 사연을 몰라 우루과이 같이 작은 국가에서 그것도 축구를 잘하는 나라도 아닌데 어떻게 제1회 월드컵이 개최되었을까 궁금해하는 사람들이 많다.

1920년대 우루과이 축구를 주름잡았던 선수는 호세 나사치(José Nasazzi)였다. 그는 1924년과 1928년 올림픽의 우승 주역이었으며 1930년 1회 월드컵에도 뛰어난 기량으로 우루과이에게 초대 챔피언의 영광을 안겨주었다. 우승 주역들을 '올림픽 세대'라고 하는데 올림픽 2회 우승, 월드컵 우승 등과 같이 우루과이 축구 역사에서 가장 큰 업적을 남겼다. 특히, 호세 나사치는 차루아 전사들이 지니고 있는 강인한 체력과 결단력, 끈질긴 기질을 보여주면서 당대 최고의 스타플레이어로 각광받았다.

1930년 우루과이 월드컵 대표팀

1930년 월드컵은 우루과이 축구 역사에 가장 큰 족적이다. 독립 100주년을 기념해 건설했던 센테나리오 경기장은 아직 완공되지도 않았고, 지금도 지켜지고 있는 전통인, 개최국이 첫 번째 경기를 하는 전통도 지키지 못했다. 경기 외적인 면에서 보면 준비가 부족했다고 할 수 있다. 그러나 경기에서 우루과이는 뛰어난 기량을 유감없이 발휘했다. 우루과이에는 호세 나사치와 함께 외팔이 카스트로가 있었다. 멕시코와의 첫 경기에서 후반 종료 직전 결승골을 성공시켰다. 카스트로는 어릴 적 팔을 다쳐 잘라냈는데 당시로는 축구에 지장 없는 선수들이면 누구나 경기에 참가할 수 있었다. 멕시코와 루마니아를 물리치고 준결승에 올라 유고를 6:0으로 제압하고 결승에서 아르헨티나를 만났다. 이미 1928년 올림픽 결승에서 맞붙은 적이 있는 양 팀은 다시 한 번 외나무 다리 승부를 내야 했다. 결승전은 1930년 7월 3일 열렸다. 결승전에서는 극적으로 우루과이가 3:2로 아르헨티나를 누르고 최초의 월드컵 우승을 일궈냈다. 아르헨티나는 호세 나사치는 잘 봉쇄했지만 카스트로를 놓친 것이 가장 큰 패인이었다. 또 하나 당시로서는 혁신적이라 할 수 있는 것은 우루과이가 월드컵을 위해 합숙훈련을 처음으로 실시했다는 것이다. 대부분의 국가대표들은 자신이 속한 팀에서 경기하다 국가대항전이 개최되면 모여서 경기를 하는 것이 전부였는데 우루과이는 자국에서 개최되는 월드컵을 쟁취하기 위해 특단의 조치를 취한 것이었다. 우루과이 대표팀은 세계 최고의 기량을 가지고 있었는데 합숙훈련을 통해 조직력을 강화했기 때문에 어떤 팀이 와도 승리할 수 있다는 자신감이 충만했다. 결국 자신감의 결과가 거함 아르헨티나를 물리치는 원동력이 되었다.

그러나 1934년 이탈리아 월드컵과 1938년 프랑스 월드컵에서는 좋은 성적을 거두지 못했다. 하지만 다시 남미에서 개최된 1950년 월드컵에서 우루과이는 이번에도 이웃 국가이며 개최국인 브라질을 꺾고 우승컵을 안았다. 제4회 월드컵이 우루과이의 우승으로 끝나자 브라질의 리우는 죽음의 거리로 변했다. 반면 우루과이는 1930년 이후 다시 한 번 이웃의 축구강국을 눌렀다는 기쁨에 온 나라가 축제에 빠졌다. 대부분의 축구전문가들이 브라질의 우승을 예상했었고, 사실 결승전에서 브라질은 비기기만 해도 우승이었다. 그러나 우루과이의 스치아피노의 후반 28분 골과 기지아의 34분 골로 경기가 우루과이의 2:1 승리로 끝나면서 마라카냥 경기장에 모여 있던 리우 시민들은 슬픔에 잠겼다. 우루과이는 남미에서 개최된 월드컵에서 우승함으로써 세계 최강임을 다시 한 번 확인했다. 이렇게 화려했던 전적은 이후 우루과이 월드컵 역사에서 찾아보기 어렵다.

대신 남미지역 경기나 클럽 대항전에서 좋은 성적을 거두고 있다. 남미 클럽 대항전인 아메리카 리베르타도르컵(Campeón de la Copa Libertadores de América)에서 페냐놀 팀이 제1회 대회 우승을 필두로 1960년, 1961년, 1966년, 1982년, 1987년 챔피언을 석권했다. 그리고 또 하나의 대표적인 프로팀인 나시오날 팀이 1971년, 1980년, 1988년도에 우승했다. 또한 두 팀은 세계 챔피언 전에서 세 번이나 우승했다.

이와 같이 초창기 월드컵에서 좋은 성적을 거두고, 세계클럽 대항전과 남미클럽대항전에서도 뛰어난 업적을 쌓았지만, 정작 월드컵에서는 찾아보기 어려운 팀이 되었다. 본선에 진출한다고 하더라도 조별 예선 라운드를 통과하기도 어려운 형편이었다. 이런 가운데 2010년 남아공 월드컵에서 준결승전에 진출한 것은 우루과이 축구가 새로운 전환기를 맞이하고 있는 것이라 할 수 있다.

몬테비데오, 우루과이 축구의 심장

축구 강국들은 훌륭한 자국 리그를 운영하고 있다. FIFA에서 각국 리그별 순위를 매기고 있는데 자국 리그의 수준을 평가해 볼 수 있는 좋은 기회이다. 우루과이도 다양한 수준의 리그를 운영하고 있다. 남미 국가들 대부분이 프로 축구 리그를 3부 리그까지 운영하고 있는데 우루과이도 3부 리그로 운영되고 있다. 1부 리그는 16개 팀으로 구성되어 있는 프리메라 디비시온(Primera División), 2부 리그는 18개 팀으로 구성된 세군다 디비시온(Segunda División), 그리고 몬테비네오 팀 7개만이 참가하는 아마추어 리그(Liga Metropolitana Amateur)가 있다. 각 지방에도 별도의 지역 리그(Liga Regionales de Fútbol)가 있는데 지역 리그의 경우에는 많은 아마추어 선수들이 생활 스포츠로 즐기는 것이다. 그렇다고 축구 수준이 형편없을 것이라고 생각하면

안 된다. 우루과이인들 누구나가 기회만 주어지면 2부 리그에서는 선수생활을 할 수 있을 정도의 축구 기술을 익히고 있다.

우루과이의 축구 리그는 1900년부터 시작되었다. 이후 아마추어 시기를 거쳐 프로 리그로 발전했다. 1900년에서 1901년 사이에는 아마추어리그가 운영되었다. 앞에서 살펴본 바와 같이 영국인들의 소개로 시작된 축구가 우루과이 국민들을 하나로 묶어주는 단계로 발전하면서 축구에 대한 관심이 매우 높아졌다. 1930년 자국에서 개최된 월드컵에서 우승하면서 프로리그 창설에 대한 논의가 본격적으로 진행되어 결국 1932년부터는 프로화되면서 지금까지 유지되고 있다. 프로축구팀과 연고지 사람들과의 관계는 매우 긴밀해 축구 경기가 열리는 날에는 많은 사람들이 일을 제쳐두고 축구에 몰입한다.

1994년부터 아페르투라와 클라우수라라는 전·후기 리그로 분리해 운영하면서 2004년까지 전·후기 1위 팀이 챔피언 결정전을 갖는 방식을 택했지만, 2005/2006시즌부터는 유럽방식의 연년제 리그로 바뀌면서 전기 리그와 후기 리그 우승팀 간의 플레이오프를 갖고, 시즌 통산 승점 1위와 챔피언 결정전을 갖는다. 2005년 전반기 리그는 코파 리베르타도레스 2006년 진출팀을 가리기 위한 특별리그(Torneo Uruguay Especial)를 치르기도 했다.

2010-2011시즌 프리메라리그 진출팀

연번	팀명	연고지	창단연도	우승횟수
1	베야 비스타	몬테비데오	1920	1회
2	센트랄 에스파뇰	"	1923	1회
3	세로	"	1922	-
4	다누비오	"	1932	3회
5	데펜소르 스포팅	"	1913	4회
6	엘 탕케 시슬레이	"	1955	-
7	훼니스	"	1916	-
8	비버플	"	1908	-
9	미라마르 미시오네스	"	1906	-
10	몬테비데오 완데레스	"	1902	-
11	나시오날	"	1899	31회
12	페냐롤	"	1891	37회
13	레이싱	"	1919	-
14	리버플레이트	"	1932	-
15	람블라 주니어스	"	1914	-
16	타쿠아 렘보 FC	타쿠아렘보	1999	-

※ 프로 리그 우승 횟수이며, 1989년에는 프로그래소(Progreso) 팀이 우승

두 팀을 위한 리그

지난해 국제축구역사통계재단(IFFHS)의 조사에 따르면 우루과이 리그는 전 세계 프로 리그 중 21위를 차지했는데 한국의 K-리그가 31위를 차지한 것을 보면 상대적으로 매우 높은 수준을 유지하고 있다 할 수 있다. 특히, 우루과이의 국토면적이나 경제수준, 인구통계 등을 산정하면 우리와는 많은 차이를 보인

다. 우루과이가 21위에 랭크되어 있지만 실질적인 순위는 이보다 훨씬 높은 것으로 평가된다. 그것은 우루과이 리그에서 뛰는 많은 자국 선수들이 유럽의 빅 리그로 직행하고 있는 것만으로도 알 수 있다.

우루과이 프로축구 리그는 마치 우루과이 정치가 콜로라도당과 브랑코당으로 양분되어 있는 것처럼 나시오날과 페냐놀로 크게 구분된다. 우루과이를 대표하는 두 개의 빅 클럽인 페냐놀과 나시오날이 리그 우승 비율이 80% 이상을 차지하고 있다. 이런 절대적 수치뿐만 아니라 프로리그에서 차지하는 중요도에서도 거의 같은 수준이라 할 수 있다. 축구팬들도 개인적 상황에 따라 응원하는 팀이 다른데 페냐놀 팬들은 대체적으로 저소득층을 기반으로 하고 있고 나시오날은 상류층을 중심으로 형성되어 있다. 계층 간의 대립은 축구장에서 극명하게 나타나기도 하지만 경기를 통해서 그동안 상호 간에 쌓여 있는 불만들이 해소되기도 하기 때문에 축구가 양극화되어 있는 사람을 하나로 통합하는 기능도 한다고 할 수 있다. 이런 긍정적인 면과 함께 부정적인 면을 지니고 있는데 프로리그가 일부 지역에 집중되고 축구팬도 따라서 집중되어 있기 때문에 다른 지역에서 축구가 발전할 수 있는 기회가 많지 않다는 것과 인기 있는 두 팀에만 많은 기업들이 스폰서를 해줌으로 인해서 다른 축구팀의 재정적 문제가 발생한다는 것이다. 결국 우루과이 프로 리그는 정치처럼 몬테비데오에 집중되어 있고 양 극단으로 구분되는 구조를 지니고 있어 더 큰 발전을 위해서는 프로 축구팀의 연고지가 좀 더 다양해져야 할 필요성이 있다.

　이처럼 축구팀의 연고지가 수도에만 집중되어 있다. 앞의 표에서 본 바와 같이 2010/2011년 시즌에 프리메라 디비시온에 진출한 16개 팀 중에 무려 15개 팀이 수도인 몬테비데오를 연고로 하고 있고, 단 한 팀 타쿠아렘보 FC만이 다른 지역을 연고로 하고 있다. 그럼 다른 지역에는 프로팀이 없어서 그런가? 다른 지역을 연고로 하는 팀들도 있지만 프로 축구팀의 재정적, 환경적 요인들이 프리메라 리그에 진출할 수 있는 구조가 되어 있지 않기 때문이다. 좋은 팀들이 몬테비데오에 집중되어 있어 다른 지역의 많은 선수들이 몬테비데오로 집중되고 있다.

　이와 같은 특성은 리그를 효율적으로 운영하는 데 도움이 되고 있지만 지역의 균형적인 축구와 경제 발전에 도움이 되지 않는다. 간단한 수치상으로만 보아도 얼마나 심각한가를 알 수 있다. 우루과이 전체 인구는 350만 명으로 부산시민보다 적다. 이 중 몬테비데오에는 150만 명 정도가 살고 있는데 이 도시에만 프리메라 디비시온팀 14개, 세군다 디비시온의 12개, 그리고 리가 아마추어 7팀이 연고지로 삼고 있다. 34개 팀이 각각 기본적으로 23명의 선수를 보유하고 있고, 팀 마다 다르기는 하지만 감독, 코치, 트레이너, 이사, 물리치료사, 스카우터까지 팀당 29명으로 계산하면 986명이 직접적으로 축구와 관련되어 있다. 이를 시민으로 나누면 간단하게 1,521명당 1명이 축구선수이거나 팀의 현재 구성원이 된다. 여기에다 각 프로팀의 프런트 직원, 축구협회 직원, 경기장 운영 직원 등을 합한다면 몬테비데오는 실로 축구만으로 살아가는 도시라고 할 수 있다. 이렇게 집중되어 있는 경우 축구 인프라가 특정지역에 집중되어 우루과이 전체 축구에 부정적일 것이라고 생각할 수 있는데 사실은 반대이다.

축구로 인한 열정은 우루과이 사회와 밀접한 관련이 있는 독특한 하나의 현상을 낳았다. 바로 "유소년 축구(Baby fútbol)"인데 마이너리그 구단에 참여하기 전에 우선 유소년 축구팀에 들어간다. 각 팀은 7명이기 때문에 시합도 작은 경기장에서 한다. 요즘 우리나라에서 유행하고 있는 어린이 축구 교실과 같은 형태로 많은 어린이들이 참가하면서 거의 모든 동네에 다 있는 유소년 축구 시스템이 운영된다. 유소년 축구는 맞벌이 부부들이 직장 일로 자녀를 돌볼 수 없는 경우에 많은 부모들이 선택하는 교육 지책 중의 하나이기도 하다. 맞벌이 부부들은 자녀교육에 많은 관심을 쏟지 못한다. 그래서 유소년 축구 교실을 통해 자녀들을 교육하고 양육하는데 우루과이인들이 갖추어야 할 사회성을 여기서 함양한다고 할 수 있다. 유소년 축구팀에서는 간단한 음식을 제공하기도 한다. 국가 유소년축구조직위원회는 전국적으로 68개의 리그를 가지고 있으며, 이 리그 소속 구단은 모두 567개, 참여 소년들은 등록된 숫자만 53,500명이다. 6세에서 13세까지의 소년들이 참여할 수 있는 이 유소년 클럽에는 8개의 등급이 있으며, 각 등급은 생일에 맞춘 이름을 지니고 있다.

우루과이 축구를 빛낸 스타플레이어

우루과이의 많은 선수들이 스타로서 국민들의 뜨거운 사랑을 받고 그라운드를 누볐다. 스타 선수들은 개인적으로는 개인의 영광과 경제적 부를 축적했지만 국가적으로는 국가 이미지 제고와 국민들의 자긍심을 향상시켜 주는 영웅으로 대접받았다. 이런 스타플레이어들은 어떤 나라에서나 나오는 존재이면서 동시에 그 시대에 그 나라에만 있는 스타이다. 우루과이에도 많은 스타들이 자신과 국가를 위해 희생하였다.

그중에서도 초창기 우루과이 축구 전성기를 이끌었던 호세 나사치를 들 수 있다. 월드컵이 개최되기 이전인 1924년과 1928년 올림픽에서 뛰어난 능력을 보이면 우루과이 축구를 우승으로 이끌었다. 그와 함께 우루과이 전성기를 완성한 외팔이 카스트로도 당시 우루과이 축구를 주름잡은 스타였음에 틀림없다. 또한 호세 안드라데 선수가 있었는데, 그는 흑인으로 우루과이 축구사에 큰 족적을 남긴 선수이다. 축구선수로뿐만 아니라 우루과이 사회가 피부색에 따라 차별하지 않고 모두가 동등한 사회를 이루고 있다는 것을 보여주는 것이기도 했다. 물론 그의 축구 기술과 기량은 말할 것도 없이 매우 뛰어났다. 이들과 함께 우리가 잊지 말아야 하는 선수는 바로 뻬뻬다. 뻬뻬는 우루과이 대표와 이탈리아 대표를 동시에 경험한 몇 되지 않는 특이한 경력을 지닌 선수였으며 유럽에서 선수 생활을 마감했다. 후안 알베르토 "뻬뻬" 스치아피노 비야노(Juan Alberto "Pepe" Schiaffino

Villano)는 이탈리아계 우루과이인으로 공격형 미드필드로 뛰었다. 1943년 포시토스(Pocitos)에서 축구선수 생활을 시작하여 1946년에 페냐놀로 이적하여 23경기에서 13골을 기록하면서 두각을 나타낸 이후 1950년대 중반까지 세계적인 축구 스타로서 많은 팬들을 몰고 다녔다. 특히, 1950년 브라질 월드컵에서 마라카냥의 비극으로 불리는 브라질과의 결승전에서 동점골을 넣어 국민적인 영웅이 되었다. 1954년 스위스 월드컵에서 우루과이를 4강으로 이끌면서 유럽의 프로리그의 관심을 끌었고 그해 세계 이적료 기록을 세우며 이탈리아 세리에 A의 AC 밀란으로 이적했다. 특이하게도 AC 밀란 이적 후 대표팀에도 선발되어 1958년까지 4경기를 뛰었다. 1960년 AS로마로 이적하고 62년 은퇴할 당시 나이가 37세였다. 우루과이의 국민적 영웅이 이탈리아 대표팀에서 뛸 수 있었던 것은 뛰어난 축구 실력과 함께 선조가 이탈리아인이었기 때문에 가능했다. 2004년 남미 축구협회가 발표한 20세기를 빛낸 축구스타 6위에 올랐다.

우루과이의 왕자, 엔조 프란세스콜리

프랑스 전 대표팀의 중원의 지도자였던 지네딘 지단과 왼발의 달린 레코바의 롤모델이었고, 축구장에서 왕족 같은 매너를 보여주었던 우루과이의 왕자 엔조 프란세스콜리는 우루과이에서 판타지 스타이다. 엔조가 공식적으로 데뷔한 팀은 오랜 전통

출처: Hernan Dardick

엔조 프란세스콜리

을 자랑하는 몬테비데오 원더러스(Montevideo Wanderers)였고, 우루과이 대표팀으로 데뷔한 것은 1982년 네루컵(Nehru Cup)에서 우리나라와의 경기였다.

엔조의 우승 전적은 화려하다. 그는 우루과이 대표로서 코파 아메리카 대회에서 1983년, 1987년과 1995년 세 차례 우승했다. 또한 1983년 코파 아메리카 브라질과의 경기에서 국가대표로서 첫 골을 뽑아내며 거함 브라실을 침몰시키고 우루과이를 우승으로 이끌었다. 마치 1950년 월드컵에서 스치아피노가 동점골을 넣어 브라질을 침몰시킨 것처럼 그렇게 화려하게 우루과이 축구에 새로운 스타로 등장했다. 2004년에 펠레가 선정한 위대한 축구 선수 100인에 우루과이 출신으로는 유일하게 선정되었다. 그는 우루과이가 낳은 최고의 판타지 스타였다. 그의 플레이는 많은 사람들을 현혹시켰는데, 다이렉트 플레이, 이영표 선수의 양다리 페인트 기술, 지단의 트릭 플레이, 1대1 상황에서의 슛, PK 실력 등 어느 하나 못하는 것이 없는 다채로운 기술을 지닌, 보기 드문 센스를 가진 선수였다. 패스, 드리블, 슛, 매너 모두 일류선수로서 주장으로 많은 경기를 뛰었다. 엔조의 매너, 잘생긴 외모와 화려한 기술까지 보여주는 덕분에 활동 당시 "우루과이 왕자"라고 불렸다.

유럽에서는 1986년 프랑스의 라싱 파리로 이적하면서, 마르세유, 칼리아리, 토리노 등에서 활약했지만 원래 이 팀들이 리그에서 좋은 성적을 거두고 있는 팀들이 아니어서 유럽 리그에서 우승해 보지는 못했다. 남미에서는 독보적 활약을 보였는데 아르헨티나의 명문 리버플레이트에서 활약하면서 득점왕을 4번이나 차지했고, 두 번은 리그 MVP에 선정되기도 했다. 또한 1995년에는 남미 최우수선수상을 받기도 했다. 1986년 멕시코 월드컵과 1990년 이탈리아 월드컵에 출전했지만 조별 예선을 통과하지 못하고 귀국해야 했다.

엔조는 기록보다는 기억에 남을 플레이를 펼쳤던 엘레강스한 선수였다. 왼발의 마술사라는 별명도 가지고 있었다. 이를 이어받아 왼발의 달인이라는 별명을 가진 레코바가 탄생했다고 할 수 있을 것이다. 엔조가 국내리그와 유럽에서 활동할 당시 레코바가 축구를 막 시작하던 때였기 때문에 충분히 가능하다. 최근 우루과이 축구에는 유독 왼발을 잘 사용하는 선수가 많은 것도 엔조의 영향이다.

그는 2002년 미국에서 GOLTV를 설립해서 CEO로 활동하고 있다. 미국의 축구시장이 열악하지만 축구발전을 위해 노력하고 있다. GOLTV는 현재 미국 내 유일한 24시간 스페인어 축구 전문 방송으로 1년에 1,500경기를 중계하고 시청자는 1,600만 명에 달한다. 축구뿐만 아니라 사업에서도 성공을 달리고 있다. 2010년 월드컵에서 우루과이 축구자문위원으로 활동하며 우루과이 축구발전에 이바지하고 있다. 많은 축구인들은 축구 선수에서 사업가로 성공한 엔조의 사례를 통해 축구 선수가 갖추어야 할 인간성을 강조하고 성공이 단순히 개인의 성공이 아니라 모두의 성공이 될 수 있도록 하고 있다.

2010년 월드컵 MVP 포를란

2002년 한일 월드컵에서 주목받았던 우루과이 선수는 단연 레코바(Alvaro Alexander Recoba Rivero)였다. 레코바는 이미 이탈리아 세리에 A의 인터밀란에서 뛰고 있는 스타였고, 공격수로는 다리오 실바가 제 역할을 다하고 있있기 때문에 포를란(Diego Martín Forlan Corazzo)은 주목받지 못했다. 포를란은 2002 한일 월드컵 지역예선에 뛰어난 기량을 선보여 2001년 맨체스터 유나이티드에 천만 달러를 받고 입단했다. 그러나 포를란은 반 니스텔루이, 스콜스와의 주전 경쟁에서 밀려 세 시즌 동안 63경기에 출전해 10골을 넣는 데 그쳤다. 데뷔골을 넣기까지 8개월 이상 걸렸다. 잉글랜드 특유의 스피드와 힘을 감당하지 못했다는 평가다. 이런 분석도 가능하겠지만 무엇보다도 영국의 날씨와 그라운드 상태가 포를란이 프리미어리그에 안착하기 어렵게 한 것으로 보인다. 영국의 날씨와 그라운드는 우루과이와 많이 다르다. 우선 겨울에 축구를 하는 곳은 유럽뿐이며 여름 날씨에 익숙한 포를란이 적응하기 쉽지 않았을 것으로 보인다. 또한 그라운드 상태도 우루과이와 상당히 다르다. 우루과이의 그라운드는 단단한 땅으로 잔디도 깊지 않지만 프리미어 리그의 구장들은 하나같이 질퍽하고 깊은 잔디를 사용한다. 남미 축구선수들의 대부분이 이런 환경 때문에 적응하는 데 어려움을 겪고 있다. 그리고 문화적 차이와 언어적 차이도 들 수 있다. 앵글로색슨 문화와 라틴 문화는 많은 점에서 다르고 영어는 비영어권에서는 항상 극복해야 하는 장벽이다. 이런 점들은 포를란이 뛰어난 성적을 기록하고 있는 스페인의 프리메라 리그에 대입해 보면 금방 알 수 있다. 포를란이 영국의 환경에 적응하기 위해 애쓰는 동안 맨유가 웨인 루니를 영입한 이후로는 더욱 입지가 좁아졌다. 결국 2004년 스페인의 비야레알로 이적했고 스페인에서는 전화위복이었을까. 2004~2005시즌과 2008~2009시즌 프리메라 리그 득점왕에 오를 정도로 스페인 리그에 완벽히 적응했다. 포를란이 맨유를 떠나 스페인 리그로 옮긴 것이 잘된 선택이라는 것을 입증해 준다.

그런 그가 드디어 2010년 남아공 월드컵에서 결승에 진출한

환호하는 포를란

팀의 선수들을 제치고 남아공 월드컵의 최우수 선수에 선정되었다. 엔조 프란세스콜리 이후 판타지 스타가 새롭게 등장한 것이다. 사실 이미 포를란 가문은 우루과이에서는 축구 명가로서의 입지를 굳히고 있었다. 아버지 파블로 포를란(Pablo Forlan)이 우루과이를 대표하는 수비수로 1966년과 1974년 두 차례의 월드컵에 참가한 적이 있다. 이 때문에 언론에서는 아버지가 이루지 못한 꿈을 이루기 위해 포를란이 있는 힘을 다해 뛰었다고 평가하기도 한다. 가문의 축구 이야기는 여기서 끝나지 않는다. 그의 외할아버지가 가문의 성섬에 있다고 힐 수 있을 것 같다. 외할아버지인 후안 카를로스 코라소(Juan Carlos Corazzo)도 전직 축구선수로 아르헨티나의 인디펜디엔테에서 뛰었으며, 1962년에는 월드컵 대표팀 감독을 지낸 경력이 있다. 그야말로 우루과이의 축구 명가인 것이다. 우리나라에도 찾아보면 축구 명가는 많겠지만, 이렇게까지 명성 있는 축구가계를 이루고 있는 가문은 2002년 월드컵 이후 월드컵 개최시기만 되면 폭발적인 인기를 얻고 있는 차범근·차두리 부자 정도일 것 같다. 차두리 선수의 2세가 축구를 하게 되면 우루과이의 포를란 가문을 능가하는 축구명가가 될 수 있지 않을까?

축구와 우루과이 사회

스포츠와 정치, 경제와 정치, 시네마와 정치의 관계에서 정치는 항상 빠지지 않는 요소이다. 정치는 그 사회의 틀을 구성해주는 중요한 수단이지만 다른 한편으로는 부정적인 일들과 많은 관련을 맺고 있다. 특히, 국내 양극화가 심화되는 사회문제들이 발생하게 되면 스포츠는 항상 그 문제를 덮어둘 수 있는 좋은 기제로 활용된다. 축구도 이런 일로부터 자유롭지 못했다. 우리나라의 프로 축구 리그가 군부정권의 3S 정책으로 출발했다는 사실은 모두가 잘 알고 있다. 우리의 프로 축구가 직접적으로 정치적 양극화를 극복하기 위해 만들어졌다면, 우루과이는 우리보다는 훨씬 자연스럽게 그런 과정을 겪었다. 우루과이 사회가 양극화로 치달은 일촉즉발의 위기의 순간에 축구는 그런 어려운 상황을 잊을 수 있게 해주었다. 이런 일시적인 처방이 모든 문제를 해결해 줄 수는 없지만 최소한 극단의 상황으로 치닿는 것을 잠시 멈추거나 망각하게 해준다. 특히 우루과이와 같이 축구도 두 개의 팀으로 나누어져 있고, 축구팬의 80%가 집중되어 있다면 양극화 현상은 축구로 만들어지기도 하지만 해결하는 것도 축구가 된다. 축구팬이 양분되어 있기 때문에 어느 팀이 승리하든 축구팬의 절반은 기쁨을 만끽할 수 있다. 물론 반대로 생각하면 절반은 슬픔에 빠지게 된다. 두 팀의 경기로 극복되지 않는 상황은 외국팀, 특히 아르헨티나와 브라질과의 경기가 모든 국민을 하나로 뭉치게 하는 힘을 지니고 있다.

이런 상황을 고려해 보면 우루과이 축구는 단순한 축구가 아니라 그 사회이며 문화임을 알 수 있다. 축구에 대한 열정이 어느 정도인지는 이번 월드컵에서 보여 준 우루과이인들의 응원

출처: maxidc90

우루과이 축구의 상징 센테나리오 스타디움

에서 알 수 있다. 월드컵을 마치고 구글은 자사를 홍보하는 차
원에서 월드컵 기간 웹 검색 양을 분석하여 가장 열광한 나라의
순위를 매겼는데 우루과이는 한국 다음으로 5위를 차지했다. 인
터넷 보급 상황과 인구 비율을 따져 보면 우루과이인들이 얼마
나 월드컵, 축구에 열광하는지를 알 수 있다. 사실 인터넷상에서
어떤 나라도 한국의 스포츠 열기를 쫓아오지 못한다. 해외에서
뛰고 있는 한국의 축구선수들은 인기투표를 하면 인기도가 현
지의 사정과 상관없이 매우 높게 나온다. 이것은 한국인들이 인
터넷을 통해 해당 선수들에게 몰표를 주기 때문이다.

그래서 우루과이인에게 초대 월드컵이 개최된 센테나리오 경
기장은 축구이자 우루과이의 영광을 그대로 나타내주는 상징물
이다. 축구 선수로서 셀레스테스의 일원으로 센테나리오 경기
장에 선다는 것은 가문의 영광으로 여길 정도이다. 이처럼 축구
는 곧 우루과이의 다른 이름이라고 할 수 있다.

아이들의 공놀이

축구는 우루과이 사람들에게 다양한 의미를 지닌다. 축구는
어린 아이들의 가장 좋은 놀이이다. 동네 어디에서나 어린이들
이 모여서 축구를 한다. 그런데 꼬마들이 한다고 얕잡아보면 큰
코 다친다. 우리 아이들이 공부가 '가장 쉬웠어요.'라고 하는 것
처럼 우루과이 아이들은 '축구가 가장 쉬웠어요.'라고 할 정도

로 수준이 매우 높다. 항상 즐기는 스포츠이기도 하기 때문이지만, 또한 좋은 선생들이 널려 있다. 우리나라에서 축구는 지극히 육체적인 운동이지만 남미, 특히 우루과이에서는 정신적인 스포츠이다. 정신적이라고 하면 흔히들 투쟁력을 의미하는 정신력을 생각하기 싶다. 여기서 말하는 정신적인 면이란 상상력을 의미한다. 축구에서 가장 중요한 것은 체력과 기술이라고들 한다. 그러나 우루과이 축구선수들을 비롯한 남미 선수들을 보면 상상력을 추가해야 할 것 같다. 우루과이의 어린 선수들은 성인 축구에서 보는 환상적인 플레이를 보며 상상의 나래를 펼친다. 이 상상력이 곧 우루과이 축구의 가장 큰 힘이라 할 수 있다.

출처: Cesar Gamrra

아이들과 함께하는 프로팀

여기서 시작된 상상력이 월드컵을 두 번씩이나 제패하고 2010
년 월드컵에서 4강에 들어가는 저력을 보여주는 것이다.

또한 놀이문화를 떠나 교육 프로그램으로 정착되어 있다. 유
소년 스포츠 클럽에서 축구는 매우 중요한 과목 중에 하나일 뿐
만 아니라 가장 많은 학생들이 함께 한다. 우리나라는 태권도를
비롯한 격투기를 가르칠 때 인성 교육을 강조하지만 구기 종목
을 가르칠 때는 개개인의 인성보다는 기술과 조직력을 강조한
다. 이 때문에 우리나라의 구기 종목은 개인의 기술적 차이를
인정하지 않는 분위기이다. 반면 우루과이인들은 축구를 통해
인성 교육을 시킨다. 개개인의 개성을 존중해주고 개인의 역량
이 최대한 발휘된 상태에서 조직적인 움직임을 가르친다. 2010
년 월드컵에서 한국과 우루과이의 16강전이 이것을 가장 잘 보
여주는데, 전체적인 조직력에서는 한국이 앞섰지만 개개인의
전술, 개인의 기량에 기초하고 상상력에 바탕을 둔 개인 전술에
서는 우루과이를 이기지 못했다. 이 때문에 한국은 좋은 경기력
을 보이기는 했지만 승리하지 못했던 것이다. 이런 개인의 특성
을 극대화시키고 상호 간의 조화를 생각하는 인성 교육이 축구
에서 이루어진다.

이런 문화 때문에 부모들이 축구를 통해 자녀교육을 시킨다
고 생각하고, 자녀의 축구 선수생활을 지지하는 것이라 할 수
있다. 물론 경제적인 어려움을 극복하고 선수에게 새로운 삶의
기회를 줄 수 있다는 측면에서도 축구가 의미 있는 스포츠임에
는 틀림없다. 많은 국민들이 축구에 열광하는 사회일수록 그럴

가능성은 더욱 높다고 할 수 있다. 최근 텔레비전과 전자오락 등이 보급되면서 축구에 대한 관심이 수그러들 것이라고 일반 적으로 예상했는데, 그 예상은 보기 좋게 빗나가고 있다. 우루과 이 어린이들은 여전히 축구가 가장 좋은 놀이문화이고 그들에 게 주어진 사회 환경에서 성공의 가장 좋은 지름길이라고 여기 고 있다. 이는 비단 어린이들에게만 한정되는 것은 아니다. 어른 들도 자녀들이 훌륭한 축구선수로 성장하여 외국의 유명한 클 럽에서 뛰어서 자신의 삶의 질을 높일 수 있기를 기대한다.

어른들의 또 다른 문화

우루과이인들에게 축구는 무엇일까? 이 질문을 하기 전에 우 리에게 축구는 무엇인가? 한국인들에게 축구는 민족적 정체성 을 드러내는 장치이다. 왜? 대표팀 경기 외의 축구경기에는 관 심이 없기 때문이다. 이렇게 말하면 너무 단편적이라 할까? 그 렇다고 하더라도 어쩔 수 없다. 우리에게 축구는 소중하지만 대 외용일 경우가 더 많기 때문이다. 그런데 우루과이인들에게 축 구는 삶이고 문화이다. 이렇게 말하면 한국인들은 그렇지 않은 가? 축구 선수와 가족에게는 그럴 것이다. 우루과이인들은 축구 와 직접적으로 관련이 없는 사람들도 축구에 많은 부분을 의존 한다. 심지어 축구 로또도 우루과이에서는 다르게 작동한다.

축구가 삶이기 때문에 기본적으로 축구에 대한 상식과 공 다루는 기술을 지니고 있다. 풋살 경기가 가능한 곳을 찾아가 보면 어른에서부터 어린이들이 한 팀이 되어 축구를 하는 것을 볼 수 있다. 심지어 한쪽 다리를 잘 사용하지 못하는 장애우까지도 차별 없이 축구를 즐긴다. 이를 때 그들이 즐기는 것은 단순히 축구가 아니라 사람을 하나로 대하는 사회적 인식으로 발전하게 된다. 참으로 놀라운 것은 빈부의 차가 심한 사회에서 축구를 할 수 있는 기회는 누구에게나 언제든지 주어진다는 것이다. 이것이 이중적인 구조를 하나의 틀로 묶는 것이라 할 수 있다.

이렇게 축구를 좋아하기 때문에 축구는 성인들에게도 하나의 놀이문화이면서 생활의 일부분이 되는 것이다. 어떤 직장, 어떤 거리, 어떤 종류의 모임에서건 축구는 반드시 등장하는 대화의 테마이다. 그리고 축구는 단순한 대화의 주제일 뿐만 아니라 토론의 대상이 되기도 한다. 우루과이의 유명한 해설가인 산체스 파디야(Julio Sánchez Padilla)가 40년 동안 진행해 온 '에스타디오 우노(Estadio Uno)'라는 축구 해설 프로그램들에서는 매주 축구선수, 감독, 해설자 등을 초대해서 축구 경기에 대해 난상 토론을 벌인다. 조용한 분위기에서 전날 경기의 전략과 전술, 선수 개개인의 기량과 컨디션, 축구 외적인 것부터 감독의 전술, 선수 개개인의 기량과 선수의 개인 생활까지 그야말로 난상토론이 벌어지는 것이다. 이것이 우루과이인들이 축구를 대하는 태도라고 할 수 있다. 때문에 우루과이 사람들을 만날 때 축구와 관련된 소재를 준비하는 것은 굉장히 중요한 일일 뿐만 아니라 가장 기본적인 일이 된다. 심지어 우루과이인들과 비즈니스를 계획하고 있는 외국인들도 축구에 대한 이야깃거리를 준비하는 것이 좋다. 축구는 비즈니스를 시작하기 전에 분위기를 부드럽게 하고 동류의식을 만드는 데 가장 좋은 이야기 주제이다. 그렇지만 몇 가지 조심해야 하는데, 상대가 나시오날과 페냐롤 팀 중 어느 팀의 팬인지를 알아야 하고, 아르헨티나와 우루과이 축구를 비교해서 말할 때는 많은 생각을 해야 한다. 잘못하면 우루과이인들의 심기를 불편하게 해 비즈니스가 엉망이 되는 경우가 종종 있다. 축구가 단순한 스포츠 이상의 하나의 문화로 정착하고 있는 것이다.

축구공의 움직임이 경제

흔히 월드컵이 끝나면 각국에서는 월드컵 진출과 승리에 따른 경제적 효과를 평가한다. 이 평가에는 월드컵 경기로 발생하는 기업 마케팅, 관련 기업 주가 상승, 해외 수출, 미디어 수입, 선수 후원, 거리응원, 미디어 광고 효과 등을 합해 산정한다. 우리나라의 경우 월드컵 특수에 대한 구체적인 평가를 실시한 것이 2002년 한일 월드컵 이후었다. 그동안의 월드컵에서는 조별리그를 통과한 경우가 없어 실질적인 평가가 어려웠을 뿐만 아니라 축구가 가져다주는 경제효과를 무시하는 경향이 있었다. 그러나 2002년 4강 이후 월드컵의 문화도 정착되었고 경제효과에 대해서도 재평가하는 시도들이 나타나기 시작해 최근에는 월드컵이 끝나면 가장 먼저 논의되는 것이 경제효과이다. 우루과이도 월드컵 이후 경제 효과에 대한 평가가 여러 차례 이루어졌다.

간단하게 우루과이를 개관하면 우루과이 인구는 2010년 추정 3,510,386명이고 수도 몬테비데오 인구는 150만 명 정도이다. 경제 활동 인구는 약 45.7%이며, 이 중에서 농업이 9.3%, 공업이 22.7%, 서비스업 68%를 차지하고 있다. 실질구매력 기준의 1인당 GNP는 $12,700이며, 남미에서 칠레, 아르헨티나 다음으로 높은 국가이다. 우루과이 경제는 농산물 수출, 숙련도 높은 노동력과 사회지출이 높은 경제구조를 이루고 있다. 1996~98년 연 5%의 성장을 기록했으나 브라질과 아르헨티나의 국제금융위기 여파로 우루과이 경제도 1999~2002년 경제 불황을 겪었다. 특히, 2001년과 2002년 아르헨티나인들이 자국의 은행예금동결로 우루과이 은행에 예탁한 자금을 인출하는 바람에 대량의 달러 반출이 발생하기도 했다. 이런 여파로 2002년 실질 GDP가 20% 정도 추락했다. 실업률이 증가하고, 인플레이션이 치솟았으며 외채가 2배로 불어났다. IMF 구제금융으로 일부 회복되기는 했지만 여전히 많은 영향을 받고 있다. 2004년 들어서면서 경제가 회복되기 시작했는데, 2008년까지 연평균 8%의 성장을 기록했고, 2008년과 2009년에는 우루과이 경제성장이 둔화되어 1.7% 성장하는 데 그쳤다. 그럼에도 불구하고 우루과이는 공공 부문의 지출과 투자 확대로 긍정적인 경제성장을 유지하고 있는 몇 되지 않는 국가 중의 하나이다. 이런 전반적인 추세에도 불구하고 우루과이 경제주기는 월드컵 경제주기라고도 한다.

　월드컵 경제주기라고 한 것은 월드컵 개최 시기를 전후해 소비가 촉진되어 많은 산업 영역에서 경제가 활성화되어 이전의 경기침체기를 극복할 정도의 경제 효과를 가져오기 때문이다. 특히, 전자제품의 경우가 이런 특수를 직접적으로 누리는 분야인데, 텔레비전과 라디오 수요가 폭발해 제조업과 서비스업이 높은 성장을 기록한다는 것이다. 우루과이가 제조업 부문이 상대적으로 약하지만 소비시장의 팽창은 우루과이 경제 흐름을 바꾸기에 충분하다. 이런 월드컵 경제주기라는 말이 나온 것은 1980년대 대부분의 라틴아메리카 국가들이 '잃어버린 10년'을 보낼 때 경제 불황기에도 잠깐 동안이기는 하지만 월드컵이라는 세계적인 축제를 즐기면서 경제적 어려움을 잊고 즐긴다는 측면도 포함되지만 실질적으로도 월드컵 기간이면 경제지표들이 호전되었던 것에서 유래되었다. 이런 추세 때문에 전자제품을 생산하는 많은 기업들이 월드컵 특수를 누리기 위해 특별한 전략을 구사하기도 한다.

　축구에 들어가는 비용은 국민 총 생산량의 약 0.5%로 본다. 참고로 브라질은 1.3%를 사용한다. 아주 오래전부터 축구 선수들의 이적으로 국내에 외화가 유입되고 있다. 몇몇 경우에는 그 액수가 상당히다. 우루과이 리그에서 뛰고 있는 많은 선수들이 유럽의 빅 리그로 이적하는데 이적료와 선수 몸값이 세계 탑클래스이다. 선수 이적으로 발생하는 외화수입은 우루과이 외화수입의 상당 부분을 차지한다. 때문에 선수 이적료의 10%를 세금으로 내야 하는 법령을 발표했다.

우루과이인들의 차루아 정신

우루과이는 유럽인들의 정착이전에 원주민인 차루아(Charrúa) 족, 차나족, 야로족 등이 살고 있었다. 이들은 과라니(Guarani) 문화를 형성하였고 매우 호전적이어서 정복에 의한 식민지화가 무척 어려웠으나 프란시스코파 등에 의한 선교활동의 결과로 순화되었고 점차 식민지화가 이루어졌다. 차루아 부족이 1515 년 플라타 강을 항해하던 스페인의 정복자 후안 디아스 데 솔리 스(Juan Díaz de Solís)를 죽였다고 믿고 있다. 이후 식민과정에 인 디오들은 사라졌거나 브라질, 아르헨티나와 파라과이지역으로 피신했다. 남아 있던 인디오들은 1831년 살시푸에데스 (Salsipuedes)에서 대량학살을 당했다. 그중에 살아남은 4명이 1833년 프랑스인들에게 체포되었다. 이런 과정은 원주민인 인 디오들을 몰아내고 백인 국가의 이미지를 만드는 데 일조했다. 우루과이 대표팀 구성에서 볼 수 있듯이 파라과이나 멕시코와 같이 인디오 선수들을 찾아보기 어렵다. 그렇다고 흑인 선수가 많은 것도 아니다. 물론 식민화 과정에서 노동력을 확보하기 위 해 흑인들을 받아들이기는 했으나 브라질과 같이 큰 규모는 아 니었다. 현재도 우루과이 인구에서 흑인이 차지하는 비율은 많 지 않다. 우루과이가 발전하는 과정에 원주민들을 몰아냈음에 도 불구하고 우루과이인들은 자신들의 정신은 끝까지 백인들에 게 저항했던 호전적이고 저항정신이 강한 차루아라고 한다. 차 루아 정신은 곧 우루과이인들의 도전정신을 보여주는 좋은 사레라 할 수 있다.

　우루과이 축구장은 사회가 통합되어 있는 시스템을 그대로 보여준다. 우루과이는 이민 국가이기 때문에 국민을 통합시킬 수 있는 수단들이 필요한데 축구가 가장 좋은 수단이다. 첫째, 대외적인 관계에서 축구를 통해 자신들의 일체감을 보여준다. 국내에서나 국외에서 다른 국가들과의 국가대표 경기는 전 국민을 하나로 모으는 계기가 된다. 2010년 우리나라의 경우에도 그런 현상이 나타나고 있지만, 민족대표를 통해 표출되는 민족주의와는 사뭇 다른 측면을 지니고 있는 것이 우루과이 축구라 할 수 있다. 둘째, 우루과이 사회통합을 축구장에서 이루었다는 것이다. 우루과이 축구사에 보면 훌륭한 흑인 선수나 이민자들이 많이 포함되어 있다. 조화로운 사회를 이루는 데 축구장에서 보여지는 역할만큼 좋은 것은 없다. 사실 축구는 포지션에 상관없이 팀원들이 자신들의 역할을 완벽히 수행할 때 좋은 경기를 할 수 있다. 우루과이인들은 축구를 통해 사회 구성원으로서의 자신의 위치와 역할에 대한 자각을 하는 사람들이다. 이처럼 축구는 우루과이 사회를 아우르는 좋은 문화라 할 수 있다.

　2010년 남아공 월드컵에서 셀레스테스(Celestes)들이 매섭게 뽑아든 차루아의 발톱을 볼 수 있었다. 지칠 줄 모르는 끈기와 용기, 쉽게 포기하지 않는 근성 등 우루과이인들이 자국민들의 정서라고 할 수 있는 차루아 정신이 가장 잘 드러난 시합이었다. 특히, 가나와의 8강전은 포기하지 않는 근성을 그대로 보여준 경기였다. 우루과이인들은 축구 경기에서 셀레스테스들이 힘, 배짱, 인내, 헌신, 겸손함, 용기와 리더십을 보여주기를 희망한다. 사실 역대 우루과이 축구를 빛낸 대부분의 스타 플레이어들은 이런 요소들을 축구장에서 유감없이 발휘했다. 이런 덕목들은 축구에서만 필요한 것이 아니라 삶 전체를 관통하고 있는 삶의 철학이라 할 수 있다. 우루과이인들에게 축구는 단순한 스포츠이면서 동시에 자신들의 삶의 방식을 나타내주는 하나의 문화이다. ⚽

구경모

영남대학교 문화인류학과 졸업
영남대학교 박사(사회인류학 · 민속학)
e-mail: gmgu@pufs.ac.kr

임두빈

부산외국어대학교 포르투갈어학과 졸업
브라질 상파울루주립대학교 박사
언어·문화연구
e-mail: idb88@pufs.ac.kr

차경미

경희대학교 서반아어학과 졸업
한국외국어대학교 박사(정치 · 역사)
e-mail: anacha@pufs.ac.kr

안태환

한국외국어대학교 스페인어학과 졸업
콜롬비아 하베리아나대학교 박사(문학 · 사회학)
e-mail: tomy30@hanmail.net

김영철

부산외국어대학교 포르투갈어학과 졸업
한국외국어대학교 박사(라틴아메리카 사회 · 문화연구)
e-mail: latin@pufs.ac.kr

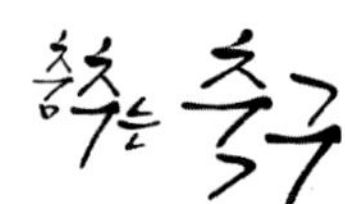

춤추는 축구

초 판 인 쇄 | 2011년 7월 25일
초 판 발 행 | 2011년 7월 25일

지 은 이 | 구경모 · 임두빈 · 차경미 · 안태환 · 김영철
펴 낸 이 | 채종준
펴 낸 곳 | 한국학술정보㈜
주   소 | 경기도 파주시 교하읍 문발리 파주출판문화정보산업단지 513-5
전   화 | 031) 908-3181(대표)
팩   스 | 031) 908-3189
홈 페 이 지 | http://ebook.kstudy.com
E-mail | 출판사업부 publish@kstudy.com
등   록 | 제일산-115호(2000. 6. 19)

ISBN   978-89-268-2442-9 93940 (Paper Book)
            978-89-268-2443-6 98940 (e-Book)

이담Books 는 한국학술정보(주)의 지식실용서 브랜드입니다.